河北金融学院 2016 年科研基金重点项目及省级科研平台招标项目：新型农村金融发展的模式选择与制度创新研究（JY2016ZB22）

河北省金融创新与风险管理研究中心：河北省农村金融发展模式创新研究（2017JDKF001）

河北金融学院德融研究院资助

河北省普惠金融研究基地资助

项目资助：河北省教育厅重大攻关项目：京津冀协同发展下河北省农村金融发展模式创新研究（ZD201720）

京津冀协同发展下
河北省农村金融发展模式创新研究

韩景旺　刘　宾　著

人民出版社

责任编辑:姜　玮
责任校对:刘　飞

图书在版编目(CIP)数据

京津冀协同发展下河北省农村金融发展模式创新研究/韩景旺,
　　刘宾　著. —北京:人民出版社,2021.1
ISBN 978 - 7 - 01 - 022736 - 8

Ⅰ.①京…　Ⅱ.①韩…②刘…　Ⅲ.①农村金融-经济发展-研究-河北
　　Ⅳ.①F832.35

中国版本图书馆 CIP 数据核字(2020)第 241047 号

京津冀协同发展下河北省农村金融发展模式创新研究
JINGJINJI XIETONG FAZHAN XIA HEBEISHENG NONGCUN
JINRONG FAZHAN MOSHI CHUANGXIN YANJIU

韩景旺　刘宾　著

人民出版社 出版发行
(100706　北京市东城区隆福寺街 99 号)

北京虎彩文化传播有限公司印刷　新华书店经销

2021 年 1 月第 1 版　2021 年 1 月北京第 1 次印刷
开本:710 毫米×1000 毫米 1/16　印张:11.5
字数:206 千字

ISBN 978 - 7 - 01 - 022736 - 8　定价:48.00 元

邮购地址 100706　北京市东城区隆福寺街 99 号
人民东方图书销售中心　电话 (010)65250042　65289539

序

党中央、国务院高度重视发挥农村金融在服务"三农"中的核心作用。从2004年起,连续17年在中央"一号文件"中强调完善农村金融服务体系、提高农村金融服务质量和效率。经过十余年发展,农村金融服务体系日益健全,农村金融服务能力显著增强,农村金融生态环境持续改善,对促进农业生产、农村经济发展和农民增收发挥了重要作用。

2018年和2020年,党中央、国务院分别印发了《关于打赢脱贫攻坚战三年行动的指导意见》(中发〔2018〕16号)和《关于抓好"三农"领域重点工作 确保如期实现全面小康的意见》(中发〔2020〕1号),在全面推动脱贫攻坚战工作有效开展、确保2020年所有贫困地区和贫困人口一起迈入全面小康社会的基础上,研究制定脱贫攻坚与实施乡村振兴战略有机衔接的意见。金融作为现代经济的核心,在支持脱贫攻坚和乡村振兴方面不仅责无旁贷,更充分体现了其本质职能,即通过政府与市场等多种渠道和机制,将金融资金精准配置到实体经济发展最薄弱和最需要的环节,发挥以金融之"血液"滋养实体之"肌体"的功能,补齐、补牢短板,为经济高质量发展提供有力的支撑,确保如期实现第一个百年奋斗目标。

河北省地处华北平原,环抱京津,东临渤海,西接太行,北跨燕山,集高原、山地、丘陵、平原、湖泊、海滨诸多地形于一域,自古便是农业大省。2019年,河北省第一产业增加值3518.4亿元,居全国第八位。粮食播种面积646.9万公顷,产量3739.2万吨。"三农"问题不仅关乎河北省的经济发展,更与城镇化、现代化进程密切相连。近年来,在中国人民银行石家庄中心支行和省政府相关部门的大力推动和配合下,河北省农村金融改革不断深化。扶持政策体系日益完善,积极运用差别化准备金率、再贷款、再贴现、抵押补充贷款等货币政策工具,结合宏观审慎评估参数的动态调整,引导金融机构加大对"三农"的金融支持力度。截至 2019 年底,对符合条件的金融机构实施较低的存款准备金率,释放流动性资金 69.23 亿元,全省扶贫再贷款余额 50.7 亿元。金融机构蓬勃发展,金融业务不断回归本源,在保持法人地位稳定的基础上,深耕县域经济发展。截至 2018 年底,河北省共有农村商业银行、农村合作银行和农村信用社 147 家,营业网点 4896 个,从业人员 47920 人,资产总额 1.6 万亿元。金融产品和服务可得性、便利性逐渐增强。截至 2019 年末,全省累计建立农户信用档案 1218 万户,评定信用农户数 537 万户、信用村 14460 个、信用乡(镇)221 个;188 万户信用农户获得信贷支持,贷款金额 719 亿元。深化农村支付服务环境建设。截至 2019 年底,全省农村地区共设立银行网点(含县城)7671 个;设立银行卡助农取款服务点 7.14 万个,布放各类银行卡受理终端 58.93 万台;发放银行卡 2.51 亿张。

在京津冀协同发展这一国家战略的大背景下,探讨河北省农村金融发展具有特殊的理论意义和实践价值。由于大城市增长极效应和虹吸效应,京津冀区域的人才、技术、资金等经济金融要素不断向京津聚集,区域发展日益失衡,河北省在人均 GDP、产业梯度、人均收入、财政收入等方面逐渐落后,成为区域协同发展的短板。同时,由于农业风险较高、抗风险能力差、信息不对称性强、资产质量较低等原因造成的农村金融弱质性,又导致河北省金融资源在市场力量的作用下自发偏离"三农"领域,"抽水泵"效应十分明显,农村经济金融发展又成为河北省发展的短板。在京津冀协同发展和乡村振兴上升为国家战略的背景下,河北省农村金融处在多重矛盾交点,是关系两大战略部署的"局眼"。值得说明的是,河北省"双重短板"的尴尬境地成因复杂,既包括制度性因素,也包括市场自发因素。因此,必须从制度改革、模式创新、政策手段等层面深入探索、精心布局,破局河北省农村金融发展。

　　《京津冀协同发展下河北省农村金融发展模式创新研究》一书,在借鉴国内外金融发展理论、农村金融理论和金融相关理论的基础上,从农村金融供给主体、农村金融市场、农村金融基础设施建设、农村合作经济金融扶持政策等方面考察了河北省农村金融的发展现状,并深入分析了存在的主要问题。最后,通过构建河北省农村金融服务评价指标体系,对农村金融服务整体情况进行了效果评价,提出了完善金融需求自身建设、提高金融供给主体服务能力、加强金融市场创新协调发展、强化金融扶持政策支持力度等方面的对策建议。

　　希望该书能为京津冀协同发展下的河北省农村金融创新发展提供有益参考,为开展相关领域研究的政策制定者和专家学者提供有价值的借鉴。

卢　钦[①]

---

　　① 卢钦,中国人民银行石家庄中心支行党委委员、副行长,国家外汇管理局河北省分局副局长,经济学博士。

前　　言

古人云:"国以民为本,民以食为天。"而食之所依则在于农业。溯源上古,自农牧相分,人民定居务农,不必终日以采摘渔猎为生,故能研制器具,陶冶精神,遂有文明,而化成天下。故农业实乃人类文明之始。中华先民以农立国,朝代兴替亦随着农业盛衰而变迁,故历代莫不以农为要。时至今日,华夏大地已走上中国特色社会主义道路,农业同样被视为国民经济之基础。从1982年到1984年,从2004年到2020年,中央一号文件主题均为关乎"三农"之大政方针。由此可见,无论古今,农业皆为家国天下之重心所在。"三农"发展离不开农村金融的支持。农村金融以服务"三农"为本,为农业发展提供资金支持;为农村建设增强物质保障;为农民致富创造不竭动力。农村金融以实施普惠为基本,发放小额贷款满足低收入者需求;构建包容性金融体系使金融权利普遍平等;分散农业经营风险以维护农村经济稳定发展。农村金融以创新驱动发力,通过制度创新做好顶层设计;推动机构创新完善服务体系;开展产品创新满足不同层面需求;实施技术创新提升农村金融基础设施。

我国传统农业起步较早,故农村金融亦早有萌芽,如史书所载,借贷钱粮以济缓急,兴建义仓以备荒歉,实行平粜以平农价,法行青苗以贷利农,成立合会以促互助,凡此等等皆有农村金融之形影。中华人民共和国成立以来,在党的领导下,我国先后建立了农村信用社、农业银行、农业发展银行、农村合作银行、农村商业银行和村镇银行等农村金融机构以及小额贷款公司等能够提供农村金融服务的工商企业。农村金融体系不断完善,农业、农村、农民所享受到的金融服务日益丰富,金融对农村地区发展的支持力度显著增强。

河北省自古以来便是农业大省,据统计局网站公布数据显示,2019年,河北省第一产业增加值达到3518.4亿元,居全国第八位。粮食播种面积646.9万公顷,产量达到3739.2万吨。不仅农业在河北省经济发展中占有重要地位,而且农村和农民的发展更是关系到河北省城镇化与现代化的进程。当前,京津冀区域协同发展已上升为国家重大发展战略,三地协同发展离不开"三农"的协同发展,而京津冀区域中农业发展无论在规模、效率和质量上都存在着较大的不平衡,农村建设水平也参差不齐,农村居民收入水平和生活质量的改善程度也存在着较大差距。京津冀区域中"三农"的协同发展仍然任重道远。在此形势下,如何发展农村金融助力京津冀区域协同发展越来越受到政府及专家学者的关注和重视。因此,在京津冀协同发展背景下,针对河北省农村金融发展模式展开创新研究就显得尤为必要了。

故本书以马克思主义政治经济学和新时代中国特色社会主义理论为指导,借鉴国内外金融发展理论和农村金融理论,首先,从农村金融供给主体、农村金融市场、农村金融基础设施建设、农村合作经济金融扶持政策等几个方面分析了京津冀区域协同发展背景下河北省农村金融的发展现状。其次,在分析现状的基础上,深入探讨了农村金融供给主体、金融市场、基础设施建设、金融扶持政策等方面存在的主要问题。再次,利用所获得的相关数据,采取数据包络分析法,选择小型农村金融机构网点数、小型农村金融机构从业人员数、农户存款、涉农贷款、第一产业增加值、农村居民人均收入、农村居民恩格尔系数等投入和产出指标构建了河北省农村金融服务评价指标体系,并针对河北省农村金融服务情况进行了实证分析。研究发现:河北省农村金融服务的综合效率整体偏低;农村金融资源配置不够合理;农村金融制度安排效用发挥不充分;农村金融创新和资源投入相对不足。最后,针对以上存在的问题提出了对策和建议。

　　物理学家牛顿说过:"我之所以看得更远,是因为站在了巨人的肩膀上。"其实,在科研领域当中,每一位学者取得的成就又何尝不是建立在对前人学习和借鉴的基础之上?本书在创作过程中也参考和借鉴了相关领域多位学者的研究成果,在此表示由衷的感谢,并对其研究致以诚挚的敬意。由于资料掌握程度及主观认识水平所限,本书还有许多不足之处,如有关农村金融创新的数据收集还不够全面,模型设计也有不足之处,对问题的探究有待进一步深入,所提建议也尚需实践检验。在此,仅希望本书能够抛砖引玉,引起相关学者及政府部门对这些问题进行深入的思考和研究,并集思广益提出解决问题的有效对策,从而促进京津冀协同发展下河北省农村金融的创新发展。

编　者

目　　录

第一章 导 论

一、研究背景

2014 年 2 月 26 日,习近平总书记主持召开座谈会,听取了京津冀区域协同发展工作汇报,并作了重要讲话,指出:"京津冀协同发展意义重大,对这个问题的认识要上升到国家战略层面。"同时,习近平总书记还强调:京津冀区域协同发展,要坚持优势互补、互利共赢、扎实推进,加快走出一条科学持续的协同发展之路。由此,京津冀协同发展上升为重大国家战略,其重要性日益凸显,对于打造首都经济圈、推进区域发展体制机制创新、促进人口经济资源环境协调发展、实现京津冀优势互补、促进环渤海经济区发展有着重要的战略意义。2015 年 4 月 30 日,习近平总书记主持召开中央政治局会议,审议通过了同年 2 月 25 日中央财经领导小组第九次会议审议研究的《京津冀协同发展规划纲要》,这使得京津冀区域协同发展的顶层设计初具规模,为此项重大战略的实施提供了行动指南,京津冀协同发展也由此进入了全面实施、加快发展的新阶段。2016 年 2 月印发的《"十三五"时期京津冀国民经济和社会发展规划》明确了京津冀区域未来五年的发展目标,推动了京津冀协同发展这项重大国家战略向纵深推进。2016 年 3 月 24 日,中央政治局常委会会议审议并原则同意了《关于北京市行政副中心和疏解北京非首都功能集中承载地有关情况的汇报》,并于 2017 年 4 月 1 日决定设立雄安新区,京津冀协同发展的战略逐步完善。党的十九大以来,京津冀协同发展成效逐步显现,在交通一体化、生态环境保护、产业升级转移等重点领域率先实现突破。

全面建成小康社会是实现社会主义现代化和中华民族伟大复兴的阶段性战略目标,是现阶段党和国家事业发展的战略统领。而全面建成小康社会的最大"短板"在农村。习近平总书记反复强调,"小康不小康,关键看老乡"。没有贫困地区的小康,没有贫困人口的脱贫,就没有全面建成小康社会。而农村地区脱贫是全面建成小康社会的攻坚之战,同时也是京津冀协同发展的重要一环,农村经济的有效发展,不仅有利于推动生产要素合理流动与资源高效利用,探索第一、二、三产业融合发展新方向、协同发展新模式、"四化同步"新路径,更有利于形成目标同向、措施一体、优势互补、利益相关的现代农业协同发展新格局,更为京津冀区域一体化发展提供了基础支撑。因此,全面建成小康社会、京津冀区域协同发展都离不开农村的发展。农村经济问题则是长期困扰我国经济发展的重要问题,而影响农村经济的深层次问题则是农村金融的发展。党的十八届三中全会根据我国农业农村发展的新形势和同步推进工业化、信息化、城镇化、农业现代化的新要求,提出了农村金融明确的改革方向。习近平总书记在2016年农村改革座谈会上强调,深化农村金融改革需要多要素联动。党的十九大报告首次提出乡村振兴战略,其中强调:必须始终把解决好"三农"问题作为全党工作重中之重。而乡村振兴离不开农村金融的助力和支持,农村金融改革的兴衰成败不仅关系乡村振兴战略,而且也直接关系到全面建设小康社会目标的实现。

从京津冀整个区域来看,河北省是协同发展的薄弱环节,而河北省农村金融更是区域协同发展中的短板。当前在河北省农村金融市场中,金融创新不足、金融抑制过度仍然是亟需解决的关键问题。京津冀区域协同发展对河北省农村金融创新来说既是机遇又是挑战,反观之,河北省农村金融的不断创新又会对京津冀区域协同发展产生重大的推动作用。近年来,河北省农村社会经济取得了长足发展,金融需求日益扩张;伴随着农村信用社改制等农村金融改革的不断推进,农村商业银行、村镇银行等农村新型金融机构不断涌现,小额贷款公司等经营金融业务的非金融机构也层出不穷,金融供给逐渐丰富。

在这种时代背景下,对河北省农村金融发展进行深入研究就显得尤为必要了。

二、研究目的及意义

(一)研究目的

本书拟在京津冀协同发展的背景下对河北省农村金融模式进行系统深入地研究,以期在实地调研和搜集统计数据的基础上,运用计量经济学工具对河北省农村金融供求进行分析研究,通过对国内外不同农村金融发展模式的比较分析,创新河北省农村金融合作模式,构建河北省农村金融绩效评价指标体系,在河北省农村金融运行管理机制、服务产品创新及政策法规支持体系等方面给出具体可行的对策措施和方案,为河北省农村金融的发展提供支持。

(二)研究意义

京津冀协同发展下河北省农村金融发展模式创新研究的研究价值在于通过树立创新、协调、绿色、开放、共享的发展理念,着力深化改革创新、破除体制机制障碍,分析京津冀区域协同发展对河北省农村金融创新的影响和作用,探索适应京津冀区域协同发展的农村金融创新理论,丰富其内涵,从而为区域经济协同发展和河北省农村金融创新提供理论参考。该研究的实际应用价值就在于以"四个全面"战略布局为统领,立足"补短板、保基本、兜底线",针对京津冀区域协同发展背景下河北省农村金融创新提出具体可行的措施。

研究有利于实现从中央到地方的金融合力,促进京津冀金融资源的快速聚集和经济的跨越式发展,有助于河北省明确自身的定位和优势,构建符合自身实际的现代农业产业体系,与经济社会发展相适应的农村金融创新体系,加速京津冀金融市场一体化,破除限制资本生产要素自由流动和优化配置的各种体制机制障碍,推动各种要素按照市场规律在区域内自由流动和优化配置,推动金融资源向相对不发达地区倾斜,并为政府和企业的领导决策提供理论依据。

三、文献综述

(一)关于京津冀区域协同发展背景的研究

孙久文、原倩(2014)从经济史的角度,运用纵向比较和横向比较的方法,将京津冀区域协同发展划分为被动、主动、协同三大演化阶段。分析了京津冀协同发展中战略内涵、空间界定、动力机制、三方关系四方面的认识误区,认为北京市"以疏解促提升"、天津市与河北省"以吸收促整合"是京津冀协同发展的基本定位,政府应当和市场以及社会组织共同推动京津冀协同发展以实现最优化的资源配置效率。薄文广、陈飞(2015)提出京津冀区域协同发展面临着产业结构差异难以良性互动、发展差距大使要素单向流动、缺乏协同治理机制形成"三者共输"三个方面的挑战,并对京津冀协同发展迟缓的原因进行了分析,认为三地政治经济地位不平等、从自身利益出发各自为战、协同机制有待进一步完善,三个方面制约了京津冀协同发展。程恩富、王新建(2015)回顾了京津冀区域经济概念的演进,在比较视域下对京津冀发展现状进行了分析,并提出了相应对策:一是以解放思想为先导,打破思维定式,奠定协同发展的思想基础;二是以体制和机制创新为统领,建立强有力的区域协调和管理机构;三是以城市群建设为核心,奠定区域协同发展的空间和主体基础;四是以环境治理和基础设施建设为突破,打开协同发展新局面。

（二）关于京津冀区域协同发展下金融业发展的研究

杨德勇、岳川、白柠瑞（2016）将分形理论模型与哈罗德多马经济增长模型和柯布—道格拉斯生产函数相结合,选取京津冀地区及其周边8个地区的农村储蓄投资转化率与农业资本产出效率对农村人均纯收入的非线性影响进行实证分析,探讨了农村经济发展和金融环境之间的关系。他们发现区域间与区域内农村金融发展具有非线性的规律,不同地区的分形维数变化较大,金融需求的满足程度也因区域不同而呈现出差异的动态非线性的分形特征。并建议根据各地实际情况配置农村金融供给,刺激金融需求;通过协同发展缩小各地农村经济之间的差距;运用调节政策从供给、需求两个方面对区域农村金融差异进行干预;农村金融坚持"不脱农、多惠农"的原则,逐步改善不同地区之间的金融发展环境。李俊强、刘燕（2016）根据京津冀区域1995—2013年的面板数据资料,运用实证分析方法对京津冀区域金融一体化水平进行了量度,认为京津冀区域中金融一体化水平在不断提高,但在三地之间差异较大;金融一体化在促进京津冀区域经济发展中发挥的作用存在差异;地方保护通过阻碍金融一体化间接阻碍了经济发展。康书生、杨镈宇（2016）采用2005—2014年的数据构建了京津冀金融协同发展的评价指标体系,运用灰色关联—多层次分析法对京津冀金融协同发展的现状进行了实证分析,发现京津之间金融协同度高,而京冀之间金融协同度低,河北省金融业与京津之间协同度的提高直接决定着京津冀金融协同发展的程度。认为应从国家顶层设计层面和京津冀三地的个体视角推出促进京津冀协同发展的对策及建议。王琰、张鑫（2014）对京津冀金融协同发展与合作的现状进行了分析,探讨了京津冀金融协同发展的有利条件和制约因素,提出了京津冀金融协同发展的城市定位。认为北京市应优化首都金融生态环境,构建开放、包容的金融市场;天津市应发挥"承京启冀"的功能,一方面增强对金融机构总部的吸引能力,另一方面,鼓励本地金融机构拓展业务范围,带动周边经济发展;河北省则应从承接产业转移,提升金融服务的角度,做大做强金融机构总部后台服务中心和灾备中心。同时提出了推动金融机构和服务一体化,加强金融基础设施建设,完善区域金融合作体制机制等具体建议。李德(2014)回顾了新中国成立以来京津冀一体化发展的状况,分析了京津冀发展面临的挑战和对策,提出金融支持京津冀协同发展的策略。认为应当加强金融协调与合作,落实有关金融的区域发展规划和配套政策;加强区域金融生态建设,促进金融业流动,加强金融监管和风险防范;推进金融创新改革,推进金融创新,发展碳金融。岳岐峰、宋保庆(2015)对京津冀区域协同发展的金融基础现状进行了分析,认为京津冀区域金融具有较大的发展潜力,但一体化程度不高。提出了金融促进京津冀协同发展的对策,认为应建立跨区域金融合作协调机制,制定区域金融合作规则,改善金融生态环境,促进金融机构和金融人才跨区域流动,北京市应定位为区域金融中心。郭小卉、康书生(2016)分别对京津冀区域中银行业、保险业、证券业和金融市场、金融生态环境等金融产业发展现状进行了分析,分析了京津冀金融协同发展中存在的困境,认为三地之间金融资源分布不均衡,京津两地金融资源重复配置,存在同质竞争,三地金融生态和金融服务建设存在落差。对京津冀三地金融协同发展的框架搭建进行了思考,并提出了京津冀金融协同发展的路径选择,认为应该优化金融资源配置并建立优势金融资源共享机制,建立区域内统一完善的大金融市场,加强金融服务和金融基础设施建设提升区域金融联系程度,建立区域性碳金融市场并打造碳金融创新试验区,发展航运金融、海洋金融、港口金融、物流金融等新业态,推进互联网金融和普惠金融发展,服务实体经济和小微企业,京津冀三地金融监管部门联合成立综合协调机构。张峰、肖文东(2016)选取了京津冀区域中 13 个城市 2004—2013 年 10 年间的面板数据,运用 F-H 模型对京津冀金融一体化状况进行测量和评价,认为金融资源在三地之间具有一定的流动性,但京津冀区域金融一体化水平并不高。同时提出了京津冀金融一体化应遵循循序渐进的模式和路径:北京市应定位于区域金融发展的核心,充分发挥金融产业优势;天津市应定位于金融试验中心,充分发挥金融政策优势;河北省应定位于区域金融承接中心,充分发挥金融地缘优势。

(三)关于金融支持京津冀区域产业结构调整的研究

陈建华(2015)对金融协同支持区域产业结构升级的作用机理进行了阐释,认为主要在于资本形成、资金导向、信用催化、风险管理四项机制。选取产业结构变动度、高技术产业密集度、泰尔指数等项指标对京津冀区域产业结构高级化、合理化、协同化的情况进行了分析,并总结出了间接金融主导、直接金融导向、政府导向等利用金融协同支持区域产业结构升级的模式。提出了加强顶层设计以出台统一产业发展规划,加强迁出迁入工作协调以做好产业转移承接,多措并举以发挥金融支持产业转移作用,立足现状以合理选择产业升级融资手段等政策建议。王曼怡、赵婕伶(2016)对京津冀区域中的金融集聚和产业结构特征进行了分析,发现其金融集聚态势上升,产业结构初现趋同,但三地之间金融集聚程度和产业结构仍存在较大差异。同时对金融集聚影响产业结构集聚的机制进行了分析,认为金融集聚促进了资本形成,引导了资本流向,加速了产业整合,催化了信用,防范了风险。并以三大产业产值作为被揭示变量,以反映储蓄转化投资能力的贷款余额占GDP比重和反映储蓄能力的存款余额占GDP的比重作为解释变量,针对金融集聚影响产业结构升级进行了实证检验。结论认为:提高京津冀地区金融集聚程度可以优化金融资源配置,促进区域内产业结构升级。提出了优化京津冀生态金融环境,构建多层次资本市场完善金融体系,鼓励金融创新以增强金融产业竞争力等具体建议。李海波、刘冀洪(2014)分析了产业转移以金融支持的需要,认为产业转移既需要传统金融的支持,也需要综合化金融和创新化金融的支持。总结了以往金融支持产业转移的经验,认为不仅中央政府和地方政府鼓励金融支持产业转移,而且金融机构创新服务模式也支持产业转移。分析了北京市非核心产业向津冀疏解的金融制约因素,认为京津冀三地金融服务水平差异较大,金融政策落差不明显,金融驱动产业疏解力度不明显,金融服务机制不灵活,创新力有待提升,金融风险管理难度较大,金融机构参与积极性有待提高。同时从加强政策协调引导、完善信用主体资信共享平台、加大金融产品创新力度、完善金融机构内部管理体制、提高产业疏解积极性、增强政策透明性和集成性、推动北京市属银行对外扩展等几个方面提出了政策和建议。

(四)关于京津冀区域与长三角、珠三角区域金融发展对比研究

王琰(2014)分析了京津冀区域金融合作的现实需求,将京津冀和长三角、珠三角三大经济圈金融资产占 GDP 的比重进行了对比,探讨了京津冀区域金融合作的制约因素,认为三地金融发展的功能定位缺乏协同,三地金融业发展水平不均衡,三地金融监管政策和地方行政界限制约了跨区域金融合作,三地金融基础设施建设互联互通滞后。同时提出了推进京津冀区域金融构想与建议,认为应打破行政区划建设金融协同发展新载体;明确金融协同发展的机制体制保障;推动金融机构、服务、市场一体化;构建区域金融行业标准。郑志丹(2016)根据 2000—2014 年 38 个相关城市的面板数据,将京津冀区域和长三角区域中的金融发展进行了对比,从金融聚集和经济收敛的角度探讨了京津冀区域经济和金融发展失衡的原因及协同发展路径。认为京津冀区域协同发展应以科技创新驱动金融发展和经济增长,形成政府引导、银行为主,其他金融机构为补充的科技金融筹资体系,同时,发展股权融资,优化保险业结构,将京津冀打造成"第三增长极"。陈建华(2015)从基础条件、主要措施、取得成效等几个方面对"长三角""珠三角"金融合作的经验进行了总结,并针对京津冀区域协同发展的具体情况提出了政策建议,主张应当首先明确发展定位,进而建立合作机制,同时营造良好的政策环境,然后推动金融服务一体化,最后改善区域内的金融生态环境。

（五）关于农村金融创新的研究

丁志国、张洋、高启然（2014）选取全国31个省（市、自治区）2006—2010年的面板数据，采用农村人均第一产业增加值和乡镇企业增加值反映的农村经济状况作为被解释变量，采用农村存贷比反映的农村金融效率、农村人均存款余额加贷款余额反映的农村金融规模、农村不良贷款余额比农村贷款余额反映的农村金融风险、农户贷款余额加农业贷款余额在全部农村贷款余额中的比重反映的农村金融结构等指标作为解释变量，构建线性实证模型。经过测算得出结论：在经济发达地区，农村经济发展主要受金融效率、金融规模和金融风险的影响，而金融结构对农村经济状况的影响则不显著；在经济落后地区，农村经济发展主要受到金融效率和金融风险两项指标的影响，而金融规模、金融结构的影响则不显著。因此，应根据不同地区的具体情况因地制宜地制定差异化农村金融政策。吕勇斌、赵培培（2014）分析了2003—2010年的经验，探讨了我国现有农村金融体系反贫困的机制与局限。同时，选取了农村居民人均消费作为被解释变量，选取农村金融发展规模、农村金融发展效率、人均生产总值、财政支农、产业结构、开放程度、劳动力文化程度、有效灌溉面积、基尼系数、城乡收入比等指标作为解释变量，对金融发展与反贫绩效进行了实证分析，得出结论，认为农村金融发展规模有利于减轻贫困程度，但是农村金融发展效率却存在负面影响。因此，建设现代农村金融体系需遵循农村金融发展规律，不能简单复制城市金融模式。王信（2014）以农村新型金融机构的发展为线索，对我国新型农村金融机构的类型、现状、特征、生存机理和理论依据及其政策效果进行了考察分析，探索了影响农村新型金融机构发展的主要因素，并在借鉴国外经验的基础上，提出了我国新型农村金融机构的市场定位、发展模式和策略选择。认为我国新型农村金融机构应当积极培育良好的目标客户群，创新经营理念和发展方式，增强金融创新能力，提高风险管理和定价能力，利用网络信息技术提升金融服务水平。政府则应当加大对新型农村金融机构的财政和货币政策扶持力度,优化农村信用环境,尽快推出存款保险制度,建立农业信贷风险分担和转移机制。马延安(2015)运用理论研究与实地调查等方法,对东北地区农村金融的发展现状与历史进行了总结,揭示了农村金融与农村经济和区域经济之间的互动关系及发展规律,对东北地区农村金融的供求关系、金融抑制成因等问题进行了分析,在借鉴国外经验的基础上,从法律制度建设、区域金融体系构建、农户资金需求等宏观、中观、微观三个层面探索了破解金融抑制、促进区域农村金融发展的思路与对策。认为应当深化农村金融改革,合理定位政府职能与作用,完善农村信贷担保体系,构建多层次金融组织,引导农村民间金融市场发展,健全农村征信体系。陈清(2008)以马克思主义经济学原理为指导,对农村合作金融转型创新进行了研究,对农村合作金融的改革理论、发展模式、组织体系、体制机制、法律制度、政策保障等方面进行了深入的探讨与分析。同时论述了我国农村合作金融的发展历史与现状,分析了当前存在的主要问题。理出了我国农村合作金融转型创新的思路,认为应坚持合作制、服务"三农"、因地制宜、稳健发展等原则;坚持恢复互助合作性质、界定合作金融业务、科学设置组织体系等发展方向;坚持走产权制度创新、监管体制创新、营运机制创新、业务服务创新等主要路径。通过深化农村信用社改革、培育农村制度外合作金融组织、构建互助合作农业保险模式、优化农村合作金融发展环境等方式实现农村合作金融的转型创新。万宣辰(2017)根据1978—2010年我国农村经济和金融发展的相关数据,选取农村人均生产总值作为被解释变量,农村金融相关率(农村贷款之和比第一产业增加值)、农村存贷比、农村存款比率(农村存款比第一产业增加值)、农村投资比率(农村固定资产投资比第一产业增加值)作为解释变量,对农村经济发展和农村金融的关系进行了研究,得出结论:农村存款比率对农村经济发展具有正向促进作用,但是,农村固定资产投资对我国农村经济增长的拉动效应还没有完全地体现。因此,在农村金融发展中要遵循民本金融、可持续发展、市场化导向等原则,坚持推进城乡金融一体化、盘活农村土地金融资源、优化城乡金融环境等具体思路,采取完善城乡金融政策支持和监管体系、建立城乡金融风险防控机制、健全城乡金融服务体系等具体措施来促进城乡一体化中的农村金融发展。许沈(2012)对新型农村金融组织的内涵、构成、特征及其发展现状进行了考察,介绍了可供新型农村金融组织发展借鉴的理论基础和现实依据,讨论了农村新型金融组织发展的总体框架、目标、基本原则、主要任务、发展重点及试点过程中存在的问题。分别从村镇银行、资金互助社、贷款公司等不同的角度探索了各类新型组织的发展模式。并从担保体系、监管制度体系、政策体系等方面探讨了新型农村金融组织发展的保障体系建设。

(六)关于河北省农村金融发展的研究

张永乐(2008)运用金融发展理论对河北省农村金融发展水平进行了分析,根据1985—2005年的数据,运用帕加诺—AK模型,以经济增长率为被解释变量,农村金融相关率、农村储蓄率、农村储蓄—投资转化率、农村资本边际产出率为解释变量,构建计量模型,进行回归分析。经分析得出结论:农村经济增长与金融相关率、农村储蓄率、边际资本产出率之间存在正相关关系,然而,农村储蓄—投资转化率的提高却并没有带动农村经济的增长。因此,深化农村金融体制改革,提高农村金融发展水平,对农村经济增长具有十分重要的意义。刘洁蓉(2016)对河北省农村普惠金融发展现状和国内外发展普惠金融的实践经验进行了介绍。分析了河北省农村普惠金融发展过程中存在的问题,认为:第一,河北省农村地区面临贷款难、贷款贵的问题;第二,农村普惠金融体系存在结构性失衡,农村本地独立法人金融普惠机构和乡镇层级的农村金融普惠机构缺失;第三,农村地区金融机构重吸储、轻放贷,致使农村金融资源流失严重;第四,普惠金融产品创新有待提高;第五,农业保险发展缓慢。其提出了完善发展河北省农村普惠金融体系的建议,认为应引导金融机构建立多层次农村普惠金融体系,加大对农村普惠金融薄弱环节和重点领域的支持力度,创新金融产品与服务方式,加快农业保险发展,积极支持政策性农业保险试点,优化农村金融生态环境。赵学军(2013)对1929—2011年河北省保定市和江苏省无锡市22个村庄的数据进行比较,分析了华北地区1930—2010年农户借贷渠道的变迁,认为尽管在农村信用合作化高潮时期,曾经出现过农户将国家银行、信用合作社作为借贷主渠道的局面,但不过是昙花一现,仍然无法改变七十多年来华北地区农户主要依靠私人借贷等非正规金融渠道获得资金的现象。因此,农村金融体系建设任重道远。杨兆廷、张永乐(2008)以河北省为例对农村金融发展状况进行了分析,构建计量模型对农村金融与农村经济发展的关系进行了研究,认为农村金融从储蓄向投资转化的过程不够顺畅,这既与农村金融供给体系的不发达、不完善有关,也与农村金融机构的效率有关。因此,加快农村金融体制改革,提高农村金融发展水平,增加农村金融供给,优化农村金融供给结构是促进农村经济发展的重要因素。张婧瑜(2016)基于河北省县域的样本数据资料,对县域金融与县域经济的互动机理进行了探讨和总结。分析了河北省县域经济与县域金融的发展现状,探索了其中存在的问题,认为河北省县域当中投融资中介服务和相关配套体系不完善,资本市场发展缓慢,民间金融风险较高,正规金融机构竞争过度和不足并存,县域政策性金融供给不足且存在制度缺陷,县域金融生态环境和政策环境有待改善。从县域金融发展支持县域经济增长和县域经济对县域金融的反馈效应两个方面进行了实证分析,特别是在县域经济对县域金融的反馈效应分析方面选取县域金融贷款余额为被解释变量,选取县域生产总值、城镇化率、产业结构水平、城乡居民储蓄存款、财政收入等指标作为解释变量,这样的分析方法具有一定的创新性。通过分析得出结论,并提出了实现县域经济与县域金融良性互动的政策建议,认为应不断完善县域金融体系,增加金融供给,优化信贷结构,创新金融产品,发展直接融资模式。同时还应加强金融生态环境和保障机制建设,制定差别化政策,充分发挥政府职能作用,完善金融监管。

四、研究方法及内容思路

(一)研究方法

本书采用查阅文献、发放调查问卷、专家访谈、实地调研等方法收集京津冀协同发展下河北省农村金融发展模式的相关研究资料;通过对比分析、统计分析等方法对收集的资料进行研究,分析河北省农村金融发展的现状。选取相关指标,运用计量经济学的方法对河北省农村金融的发展水平进行测度,以增强研究的科学性;采用归纳法,总结归纳出河北省农村金融发展中存在的问题及原因;最后,运用演绎法提出河北省农村金融建设的对策建议。

(二)研究内容

本书以河北省的资料、数据为基础,围绕农村金融创新这个主题,对农村金融的发展现状、存在的问题及相关对策展开研究。具体内容包括以下几个部分:第一部分是导论,对京津冀协同发展下河北省农村金融发展模式创新这个主题的研究背景、目的、意义以及思路与方法进行阐述,并对相关文献资料进行梳理;第二部分介绍农村金融的相关理论,对农村金融供需、信贷补贴、金融深化和约束等方面的内容进行理论溯源,为后面的分析打下基础;第三部分对河北省农村金融的发展现状进行介绍,针对农村金融供给主体、农村金融市场、基础建设状况以及金融对农村合作经济的扶持等方面进行分析;第四部分主要是提出问题,在分析河北省农村金融发展现状的基础上,从农村金融需求、农村金融供给、金融市场、农村金融基础设施建设和农村金融扶持政策等几个方面探讨京津冀区域协同发展背景下的河北省农村金融发展过程中存在的问题;第五部分主要是实证研究,运用实证分析方法建立相关模型,对农村金融发展水平进行实证分析,为对策建议的提出寻求科学支撑;第六部分主要是提出对策建议,主要从开展金融需求自身建设、提高金融供给主体服务能力、协调创新金融市场、加大金融基础建设投入、强化金融扶持政策等几个方面提出切实可行的对策建议。

(三)研究思路

本书从京津冀区域协同发展的背景引入,对河北省农村金融发展的现状进行阐述,进而分析了河北省农村金融发展中存在的问题及原因,并对农村金融发展水平进行了实证分析,研究思路如图 1-1 所示。

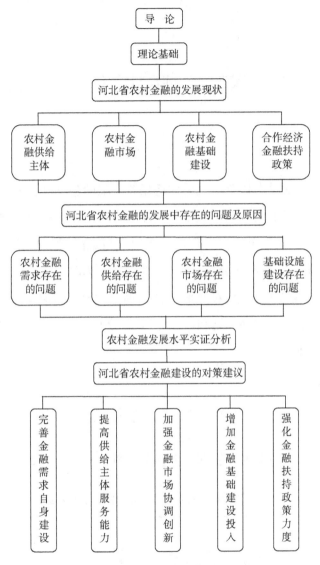

图 1-1 研究思路

第二章 农村金融的理论构成与发展

根据第一章对农村金融发展变迁相关文献的整理和分析,可以发现,对于农村金融理论的研究领域主要集中在三个方面:发展中国家的金融发展理论、主流农村金融发展理论与国内农村金融发展理论。这些理论各有利弊,需要进行深入分析。因此,本章分别选取三个研究领域里的典型理论,如金融深化理论、农业信贷补贴理论、金融可持续发展理论等国内外相关理论进行梳理总结和对比分析,为之后的章节提供理论支持,使整体研究的理论性增强。

一、发展中国家的金融发展理论

发展中国家的金融发展理论主要学说内容汇总见表2-1。

表2-1 发展中国家的金融发展理论主要学说内容汇总

主要理论	关键内容
金融结构理论	金融发展是金融结构的变化,发展中国家可以参考发达国家的经验与教训,建立和完善本国金融体系。
金融深化理论	政府不应干预金融活动,应降低金融管制并适时提供政策支持,以更好地实现金融发展与经济发展的共同促进作用。
金融抑制理论	金融抑制会带来负面影响,从而对经济发展带来破坏性影响,并陷入经济发展和金融发展被严重阻碍的恶性循环中。
金融约束理论	约束不等同于干预,比干预程度更轻,政府对金融市场进行约束可以更好地促进发展中国家的金融发展。

续表

主要理论	关键内容
内生金融理论	不能过度强调金融自由化,政府应采用一定程度的干预以实现多目标而非金融发展的单一目标。

(一)金融结构理论

1. 金融结构理论的提出与主要观点

金融结构理论产生于 1969 年,出自雷蒙德·W.戈德史密斯(Raymond W Goldsmith)的著作《金融结构与金融发展》。他提出,金融结构是指金融工具、金融机构的性质、规模的集合,金融结构的变化意味着金融发展,可以通过对一国金融结构的研究了解该国的金融发展水平和金融发展趋势。他在搜集了世界各国长时期的各类数据之后,首创了金融相关比率(FIR)这一关键性指标,设定 FIR 的计算方法为 FI/Y。FI 为金融资产总额,Y 为国民总收入,也是国民总产出。通过计算分析 16 个国家的 FIR,他得出结论:发展中国家 FIR 较低,发达国家 FIR 较高,一国的金融相关率不会永远提高,当数值在 1—1.5 时,会趋于稳定;各经济主体的储蓄和投资都会有不同程度的分离,分离程度不同,金融结构的规模就会不同,金融相关比率高,就是投资和储蓄的分离程度显著,也就越能说明该国家或地区的金融结构相对规模越大;世界各国的金融结构虽不相同,但金融发展的道路的总体趋向却基本相同,除非发生战争或者通货膨胀。

2. 金融结构理论的发展与启示

之后,许多学者对该理论进行了发展,他们认为,银行和资本市场在金融体系中的相对低位的差异是比较金融体制最值得关注的话题之一。同时他们还发现,当国家经济水平得到进一步发展,国民收入水平提高时,市场化导向在金融体系中的特征变得更为明显。一般学者将金融结构发展分为三个阶段,分别为:银行主导阶段、(资本)市场主导阶段和证券化阶段。三个阶段演进的决定因素包括法律环境、文化环境、经济环境和政治环境。

由于金融结构具有趋同性,因此,发展中国家可以通过借鉴发达国家的经验和教训以促进本国的金融发展。一般而言,发展中国家应注意以下几点:

(1)打破单一银行体系。健康的资本市场的发展离不开金融中介机构的支持,因此,打破银行垄断,推进银行改革,促进银行业的良性竞争不仅有利于银行机构自身发展,还可以更好地为金融结构的演进提供支持。

(2)加强金融市场开放。外资流入可以弥补本国资金不足的问题,因此,加强金融市场的开放程度可以在一定程度上提升本国的生产效率。但应该注意可能会产生的外资依赖,因此,可以做出相应限制。

(3)加强金融工具创新。金融工具的种类、性质、规模等在一国金融结构中具有重要作用,可以通过实施利率市场化、中间业务拓展等方式进行金融工具创新。

(4)建立与发展资本市场。改变原有的银行类金融机构在金融市场中占比大的特点,通过发展资本市场,利用直接投资和间接投资进行资本积累。

(5)注重通货膨胀的负面影响。根据 FIR 比率,通胀对一国的金融发展起负面作用,因此,一国政府应审视通过增发货币以增大投资的政策,注重通货膨胀带给本国金融发展的影响。

3. 理论述评

金融结构理论说明了一国可以通过调整金融工具、金融机构的规模、性质等方面去改善金融机构,进而提升金融发展水平。该理论强调金融市场和银行的重要作用,强调应建立与自身金融结构相适应的制度,同时,发展中国家可以借鉴发达国家金融发展中的经验和教训,充分利用后发优势。但该理论并没有明确说明国家应该如何进行金融结构调整,并且该理论的政策主张不能完全保证给发展中国家带来经济增长,这需要发展中国家根据自身实际、结合国际经验与教训去建立合适的金融体系。

(二)金融深化理论

1. 金融深化理论的提出

金融深化理论是金融发展理论继金融结构理论后的重要发展,它是1973年在肖(Shaw)发表的《经济发展中的金融深化》和麦金农(McKinnon)发表的《经济发展中的货币与资本》中提出,用于研究发展中国家经济发展的推动因素。该理论较好地阐释了发展中国家经济发展的关键核心在于金融发展。

2. 金融深化理论的主要观点

(1)政府不应过度干预金融活动,应实现以利率水平和汇率水平为核心的金融自由化。政府的决策失误和过多的干预使得金融市场发生扭曲,无法实现资源的优化合理配置,同时对金融行业的准入门槛及其他种种限制都不能很好地促进金融业的竞争,因此,只有降低政府干预程度,解除不必要的市场进入限制,为金融行业竞争提供一定基础准备,实现利率、汇率等市场的自由化发展,才能真实地反映货币供需情况并通过市场化机制更好地引导资源配置,进而促进金融发展和经济增长。同时,该理论还强调加强本国资本促进金融发展,减少外资依赖。

(2)金融深化存在四个效应。分别为:①收入效应:金融深化可以带来居民实际持有的货币数量增大,进而促进居民收入水平的提高。②储蓄效应:实际利率提高意味着货币收益率的提高,这最终会加大居民的储蓄倾向。③投资效应:金融深化可以较好地消除地区、行业间投资收益的差异,并提高投资的平均获益水平,因而可以促进资本市场、劳动力市场、土地市场等各类市场的统一,从而促进资源的优化合理配置。不仅如此,金融深化可以提升未来收益的确定性,促进实物资产的流动与交易,引导投资者进行理性投资,进而提升了投资效率。④就业效益:投资者面对较高的货币实际收益率会选择通过多使用劳动力的方法节约资本,这最终会提高就业水平。

（3）农村金融深化。农村金融深化是指在农村金融系统不断发展完善的过程中,通过实现利率自由化和汇率自由化,减少政府干预,进而反映出真实的农村地区金融供需状况,以此促进资源在农村地区的合理优化配置,促进农村金融中介、金融市场的发展。

3. 农村金融深化模式

一般认为农村金融深化模式包括需求跟进型和供给导向型两种。

（1）需求跟进型。需求跟进型的农村金融深化模式是指农村真实发展的经济水平条件下对金融的真实需求决定了农村真正的金融发展水平,即认同经济进步决定金融发展。由于农村地区经济发展水平较低,这就意味着其金融需求低,因此,若想促进农村金融发展,必须先发展农村经济。而要发展农村经济,除了投入更多的资金和金融服务外,还需要提升农村居民的投资意识,实现资本的有效转化。

（2）供给导向型。供给导向型的农村金融深化发展模式是指农村金融的超前发展可以引导农村经济水平的提高,从而进一步促进农村金融深化,即强调金融发展对经济发展的促进作用。这种模式强调了超前发展,即对新兴产业、新兴企业等的资源倾斜,促进新的经济增长点的形成,金融机构也因此要承担较大风险,需要政府的支持。当新兴产业、新兴企业发展壮大后,这种模式将被需求跟进型模式所代替。

4. 理论述评

可以发现,这两种模式为农村金融发展提供了重要的理论借鉴,在农村金融发展的不同阶段可以采用不同的发展模式,最终实现经济发展与金融发展的双向促进。

（三）金融抑制理论

1. 金融抑制理论的提出与主要观点

肖和麦金农在提出金融深化概念的同时也提出了相对的概念——金

融抑制。金融抑制是指发展中国家由于过多的市场干预,如通过规定利率上下线限制利率市场发展、增发货币等方式干预实际利率水平、干预汇率市场、差别信贷政策、限制金融机构经营发展、限制金融机构自由竞争等方式,使得发展中国家的金融资源配置不尽合理,出现金融效率低下、经济发展不平衡等现象。金融抑制理论认为金融抑制现象的存在会破坏发展中国家本就薄弱的经济发展环境,从而会使金融抑制现象更加严重并陷入恶性循环当中。

2. 金融抑制理论的负效应

(1)负收入效益。由于大部分发展中国家存在较为严重的通货膨胀,因此,企业和居民为避免实际货币损失,就会减少持有的货币,转向其他形式的实物资产进行投资以获得保值。一般而言,当一国或地区的实际货币余额多,国民收入的增长水平也较高,因此,由于存在金融抑制,会出现国民收入增长缓慢甚至负增长的现象。

(2)负储蓄效益。由于大部分发展中国家存在通货膨胀情况,且金融服务水平落后、金融工具种类较少,利率水平的限制使得实际货币余额持有者无法通过利率上升抵补通胀带来的损失,因此,实际货币余额持有者会选择购买实物资产、向国外转移资产等方式规避通胀税,降低了本国的储蓄倾向,进而导致信贷资金总量不足。

(3)负投资效应。首先,政府干预下的利率水平和汇率水平无法真实反映市场需求情况,因此,会导致资本配置效率的低下。其次,经济分化导致大量需要资金的行业、企业无法通过正规渠道获得融资,而其他企业却获得了较多投资,造成了经常性产能过剩和资源的浪费,降低了投资的性价比。再次,信贷配给制度使得政府基本完全干预了资源流动,大大削弱了市场机制的发挥,并给政府部门的权力寻租创造了条件。

(4)负就业效应。金融抑制导致经济分化严重,大城市中的金融资源更丰富,产业多为资本密集型产业。为获取更多的就业机会和更高的收入,原属于劳动密集型产业的劳动力(多为农村地区)被迫向大城市转移,但大城市主要以资本密集型产业为主,无法提供足够的就业岗位,这就造成了部分劳动力失业或被迫接受劳动密集型产业的低工资水平返回到原产业当中。

这些负效应导致出现资产价格失真、金融投资减少、金融资源配置不平衡、市场缺少活力等现象,不仅会使金融发展环境进一步恶化,并最终严重阻碍金融发展和经济发展。

3. 金融抑制理论的启示

现实中,许多发展中国家都存在金融抑制现象,金融抑制现象与这些国家强势的政府部门对金融市场所采取的价格性干预和结构性干预不无关系。政府部门一般会通过金融市场利率管制人为压低实际利率水平、通过汇率管制人为抬高本币汇率、限制非银行类金融机构发展以强化银行信贷经营等方式进行干预。利率水平的干预直接催生了信贷配给制的出现,这给金融市场的发展造成了较大损害,同时也压制了非国有企业、部门借助外部融资来推动自身发展进而促进国民经济增长的潜力。因此,一国或地区的政府应放松市场管制,减少政府干预,通过利率、汇率自由化的方式实现金融深化,最终促进经济发展和金融发展。

4. 理论述评

金融深化理论与金融抑制理论都较好地阐释了发展中国家经济增长和金融发展中存在的主要问题,点明了发展中国家政府过度干预市场的消极做法,帮助发展中国家意识到金融自由化发展的重要作用,减少政府干预可以促进资源配置的合理化,同时也提示发展中国家应重视政策制定可能带来的负面影响,应根据市场实际情况制定相应的政策并提供必要的政策支持。可以说,麦金农和肖从理论上为发展中国家的经济发展与金融发展提供了一个重要思路。但是这个理论仍存在问题,如其忽略了外资在一国金融发展中的重要作用、过分强调市场机制的作用等,同时该理论是建立在宏观环境稳定的前提下,但许多发展中国家并不满足这一前提,因此还需要理性地看待该理论。

（四）金融约束理论

1. 金融约束理论的产生

第二次世界大战后，东亚许多国家虽然明显存在金融抑制的情况，但仍获得了较快发展，这与金融深化和金融抑制理论的观点不符，因此，学者想要探究缘由，在此背景下，托马斯·赫尔曼（Hellmann）、凯文·穆尔多克（Murdock）和约瑟夫·斯蒂格利茨（Stiglitz）等学者提出了金融约束理论。

2. 金融约束论的前提条件

金融约束论的前提条件如下。

（1）限制市场准入，在此条件下银行业充分竞争。

（2）限制直接融资，防止直接融资对银行信贷的替代。

（3）宏观经济环境稳定，通货膨胀率较低并且可以预测，从而保证实际利率为正。

3. 金融约束理论的主要观点

金融约束的本质是：政府通过一系列的金融政策在民间部门尤其是为金融中介创造租金机会，即取得超过竞争性市场所能产生的收益的机会，这可以使市场竞争更充分，为竞争活动带来更多的利益，从而促进市场更好地为金融发展和经济增长服务。这些租金机会是因存款利率控制造成的存贷利差而形成的，银行通过扩张其存款基数和对贷款资产组合实施的监控获得了这些租金，由此促进金融深化。具体而言，即通过控制存款利率和限制竞争的方式为银行提供一定保护，并且银行可以从央行获得低成本贷款，同时限制居民将存款转移为其他形式的资产。"金融约束论"的核心观点是：提供宏观经济环境稳定、通货膨胀率较低并且可以预测的前提，由存款监管、市场准入限制等组成的一整套金融约束政策可以促进经济增长。

4. 约束的效应

资本要求虽然也是一个防止银行发生道德风险的工具,但在发展中国家,存款利率控制比对银行资本控制更为有效。在金融约束环境下,银行只要吸收到新增存款,就可以获得租金,这就促使银行寻求新的存款来源。如果这时政府再对市场准入进行限制,就更能促使银行为吸收更多的存款而增加投资,从而增加资金的供给。建立合理数量的储蓄机构,可以吸收更多的存款,金融机构吸引更多的储户是发展中国家金融深化的一个重要组成部分,因此,金融约束可以促进金融深化。

5. 理论述评

金融约束是发展中国家从金融抑制状态走向金融自由化过程中的一个过渡性政策,它针对发展中国家在经济转轨过程中存在的信息不畅、金融监管不力的状态,发挥政府在市场失灵下的作用,因此,并不是与金融深化完全对立的政策,相反是金融深化理论的丰富与发展。

金融约束理论的三个前提条件过于严格,没有现实意义,存在着一定的局限性,且在现实中无法准确衡量政府约束金融的度,一旦过于激进将变为政府干预政策。但该理论丰富了经济发展理论,为发展中国家的金融发展提供了一种新的思路,因此要辩证地看待该理论。

(五)内生金融发展理论

1. 内生金融发展理论的产生与主要观点

内生金融发展理论是金融深化理论的延伸,内生金融发展理论学者发现,拉美国家在20世纪七八十年代进行的金融自由化改革并没有如支持金融深化理论的学者预期那样获得金融水平的较快提高,这些与金融深化理论相悖的金融实践引发了学者的思考与研究,他们认为,这种情况的出现说明金融深化理论中存在过于严苛的前提条件和过于推崇金融自由化的激进主张。在此背景下,产生了内生金融发展理论。

内生金融发展理论认为经济活动中最有效的交换工具是金融体系。

金融体系具备三种效应:①储蓄效应。金融体系的建立与完善可以更好地收集社会闲散资金,为居民储蓄提供更便利的条件和更低的成本,因此,居民的储蓄倾向得以提升。②投资效应。由于储蓄倾向的提升,使得储蓄转化为投资的比例增加,加之交易成本的降低,从而带来投资效应。③资源配置效应。完善的金融体系可以较好地实现资源的转移与分配,同时可以更好地转移与分散风险,利于优化金融资源配置,提高资源配置效率。三种效应主要通过技术进步、资本积累、劳动效率提升等多种方式共同推动金融发展与经济增长。

为解决金融深化理论中的缺陷,部分学者将原有金融深化理论中的前提假设进行调整,引入了更多符合市场真实情况的工具,如不完全竞争、信息不对称等,通过构建更符合现实的模型及理论进行分析和解释经济发展规律,同时还提出金融中介形成的内生要素主要包括人力资源流动与偏好、金融市场成本和信息不对称性等,而金融市场的内生形成要关注"门槛效益"。门槛效益是指在经济发展早期,由于平均收入水平较低,能够直接参与金融活动的居民较少,且低水平的发展也无法完全覆盖金融体系的运行成本,金融市场的建立受到了严重阻碍,但当收入水平逐渐提升,情况会逐渐改善,金融体系的运行会越来越顺畅,进而金融市场就内生建立了。在内生建立的过程中,技术的发展和生产效率的提高对于金融市场的建立又起到关键作用,内生市场理论的支持者认为没有技术进步就没有金融发展。

因为大部分内生金融发展理论学者认为金融深化理论主张实行过于激进的金融自由化政策,所以,内生金融发展理论应借鉴金融约束理论的政策主张,强调多元目标,不要单一发展金融自由,政府应适时进行引导与干预。

2. 内生金融发展理论的演变

内生金融发展理论主要分为两个学派,分别为古典内生金融发展理论和现代内生金融理论。

（1）古典内生金融发展理论。在对金融深化理论进行创新和改进的过程中,该理论关注的重点主要是风险管理和交易成本,同时增加信息不对称这一客观现象对金融发展的影响。①风险管理。金融系统的重要功能之一就是风险的管理和分散,因此,可以通过对一国风险管理水平的高低判断该国金融发展水平。一般而言,风险管理水平和金融发展水平成正相关关系。②交易成本。交易成本的降低可以提升金融体系的运行效率,更好地发挥金融系统功能,即交易成本高低与金融发展水平成负相关关系。而降低交易成本最直接的方式就是利用市场机制代替政府干预机制,而在这个过程中,技术起到了不可替代的作用。③信息不对称。信息不对称可以通过金融系统的完善发展得到改善。金融中介可以联结资金供给方和需求方,了解其有效信息,且金融市场可以通过市场发现获取有效信息并对信息进行披露。

（2）现代内生金融理论。该理论的研究重点是不同制度对金融发展的影响,并着重分析法律、文化、政治制度和金融发展的关系。①法律制度。一般而言,法律制度尤其是金融法律制度越完善,对投资者的保护越充分,金融系统的运行会越有效率,金融发展水平越高,即法律制度的完善程度与金融发展水平呈正相关关系。②文化制度。金融发展离不开信用的普及,因此,该理论在文化制度中重点关注信用的作用。该理论认为,在金融市场参与者间信用度越高,金融发展水平越高,即信用度与金融发展水平呈正相关关系。③政治制度。西方发展中国家会存在许多小型但具有话语权的集团,这些集团可以做出影响政治决策的活动,而政治制度极大地影响着金融发展水平,因而这些集团具有决定一国金融发展水平的话语权。

3. 理论述评

与金融深化理论相比,内生金融发展理论强调金融发展的内生建立,重点探讨了风险管理、交易成本、制度建设等与金融发展之间的关系,为发展中国家的经济进步与金融发展提供了新的思路,但内生金融发展理论过分强调技术进步和生产率提高对金融发展的作用,需要谨慎对待。

二、农村金融发展理论

农村金融发展理论的主要观点主张比较,见表 2-2。

表 2-2　农村金融发展理论的主要观点主张比较

主要理论	政府干预态度	竞争的态度	资金来源	政策性金融的必要性
农业信贷补贴理论	完全支持	反对	外部	完全必要
农村金融市场理论	反对	开放	内部	无用
不完全竞争市场理论	采用金融约束政策	限制	内部与外部	适当使用
微型金融理论	支持适度干预	支持	内部与外部	必要
普惠金融理论	不同阶段干预手段不同	支持	内部与外部	必要
马克思经济学关于农村金融发展理论	强调金融支持及商业银行对农业发展的重要性			

(一)农业信贷补贴理论

农业信贷补贴理论(Subsidized Credit Paradigm)产生于 20 世纪 60 年代。在凯恩斯主义学派成为主流学派的背景下,以亚当·斯密为代表的农业信贷补贴理论逐渐兴起并成为指导农村金融发展的主流理论。

1. 农业信贷补贴理论的主要观点

(1)农村、农业、农民的基本特点。农村地区普遍存在慢性资金不足的问题,农业具有收入未知性、投资周期长、回报低等特点,而农民又完全没有储蓄能力,为保障生活和开展生产需要金融机构提供融资。

(2)理论主张。由于农村、农业、农民的特点,传统金融机构几乎很难为其提供融资,但农村发展对于一国经济发展具有重要作用,因此,需要政府部门成立非营利性金融机构,从农村外部引入政策性资金以支持

27

农业发展。为弥补农村地区与城市地区发展的不平衡,可以通过农业补贴的方式降低农村地区的融资成本,以保证农村地区的融资成本低于其他地区,同时,可以将针对农村地区发放的贷款纳入信贷补贴中,以激励其他金融机构向农村地区投放贷款,最终扩大对农村地区的融资规模。其政策倾斜目标为贫困阶层,因此要设立专门针对贫困农户的专项贷款。

2. 农业补贴理论的缺陷

(1)农民并非没有储蓄能力。事实上,任何国家和地区的农民均具有储蓄能力,即使其储蓄金额较少,大部分农民认为储蓄可以帮助他们抵御部分风险且可以获得一定收益,因此该理论的前提假设与现实差距过大。

(2)农业补贴政策的长期存在会使农民出现"错觉",他们会认为自己一定可以获得政府的财政补贴,因而会降低自己的储蓄意愿甚至不愿偿还政府贷款,最终会导致大量道德风险的产生,同时农村地区也只能通过外源融资,无法建立自身的金融体系。

(3)除政策性金融机构外,其他向农村地区投放资金的金融机构均以利润最大化为目标,但由于农业信贷补贴政策的利率上限,压缩了金融机构的利润,因此,金融机构更愿意将贷款投放给较为富裕的农户以降低成本,这会导致农业补贴向富裕农户倾斜,与政策向贫困农户倾斜的目标完全相反。

3. 农业补贴理论述评

农业补贴理论可以较好地增加农村地区的资金来源,可以在一定程度上缓解农村贫困和促进农村经济发展,但其前提假设是不正确的,且其政策主张无法从根本上解决农村金融发展问题,无法建立可持续的农村金融发展体系,因此,需要批判地看待该理论。

(二)农村金融市场理论

1. 农村金融市场理论的产生与基本观点

农村金融市场理论占据主导地位是从 20 世纪 80 年代开始的,金融自由化改革得到许多国家的认同,农业补贴理论无法再指导发展中国家的金融发展,因此,以戴尔·亚当斯(Dale Adams)为代表的经济学家建立了与农业补贴理论政策主张完全相反的农村金融市场理论,该理论可以被视为金融深化理论与金融抑制理论在农村金融领域的理论表现。

农村金融市场理论的基本假设包括以下几方面:①农户具有储蓄能力。为抵御未来风险且存款有收益的情况下,农户有储蓄意愿及能力,除货币资金外,农户还具有实物储蓄能力,如房屋、耕种工具等,因此农村地区可以不借助外部资金。②存款利率的上限限制不能满足农户存款获取利息的要求,会大大降低农户存款的可能,这不利于金融的长远发展。③信贷补贴政策只会让农户对政策性金融产生依赖并产生即使不还款依然可以继续享受政策补贴的思想,实际上最终会降低农户还款的意愿。④农村地区由于传统金融机构不发达,农户资金的来源更多依赖于民间借贷,因而民间金融的利率水平较高。

在以上假设前提下,农村金融市场理论认为农村金融发展落后不是因为农民没有储蓄能力,而是由于政府部门的过度干预,要从根本上解决这一问题,需要完全的市场机制配合,该理论认为发展中国家的利率制度只会阻碍农村金融发展,因此反对政府干预,鼓励进行金融市场改革,提倡金融自由化。其主要政策主张为:①实行利率市场化,利率完全由市场进行调节,政府不进行干预。②信贷资源配置完全交由市场机制进行配置,取消政策性信贷补贴。③建立多层次农村金融体系,除传统的金融机构外,还应鼓励民间资本、社会资本的进入,鼓励建立资本市场,鼓励金融机构间的良性竞争。④农村金融发展要依靠农村内部的金融机构,因此要充分发挥内部金融机构的主观能动性,不设立为特定企业或机构服务的贷款额度,充分发挥市场调节机制。这些政策可以有效动员农户储蓄,使农村金融的发展不再依赖外源融资,也会使农户意识到没有政策会持续补贴,如果不能及时还款会影响其信贷资源,从而最终减少道德风险的发生。

2. 农村金融市场理论的局限性

第一，农村金融市场理论是建立在金融自由化之上的，其忽略了发展中国家市场机制不健全的问题，从而引发了农村金融自由化的风险、收益和成本等问题。第二，在金融自由化的过程中，金融发展理论忽略了金融制度质量、政府行为的作用和意义，该理论只考虑了金融自由化对经济增长的促进作用，而忽略了其负面影响，继而没有考虑到农村金融危机处理及保证金融稳定性的问题。事实证明，诸多发展中国家农村金融处于落后的发展现状，缺乏完备的法律监管机制，短期内难以形成较为完善的农村金融市场体系。

3. 农村金融市场理论述评

农村金融市场理论从前提假设上假设了更加符合社会现实发展情况的条件，因而相较于农村金融市场理论有更大的适用性和契合度，但在现实中，其作用不如理论上效果明显。例如，在发展中国家的农村金融市场中，参与者以贫困农户或者收入水平较低的农户为主，金融市场自由化是否会造成大多数农户不能获得其所需的金融资源，金融自由化是否会最终降低农村的金融总需求，这些都是发展中国家现实存在且需要深入思考的问题，所以，仍需要政府的干预以帮助贫困农户先渡过发展前期以保证其获得所需的金融资源，但农村金融市场理论完全否定了政策性金融的价值，发展中国家在发展的特定阶段仍然需要政府的干预。

（三）不完全竞争市场理论

1. 不完全竞争市场理论的产生与基本观点

在 20 世纪 90 年代以来，全球范围内发生了多次金融危机，使得许多学者开始思考政府干预是否合理，针对农村金融发展的情况，包括以斯蒂格利茨、赫尔曼在内的经济学家认为由于农村金融市场发展不完善，如果完全由市场进行资源调节会给发展中国家的金融发展带来负面影响，需要政府部门进行干预以抵消部分负面影响，于是他们提出了不完全竞争市场理论,这是金融约束论在农村金融领域的具体表现。

该理论认为,发展中国家的农村金融市场是不完全竞争市场,所以信息不对称性在发展中国家的农村金融市场中仍特征明显,会出现市场失灵的现象,因此,如果单一的依赖市场机制调节可能无法培育出运行高效的农村金融市场。为了解决这一问题,需要借助政府部门的力量,通过采用适时适度的政府干预政策来弥补市场的无效性,以维护农村金融市场的稳定发展。

该理论强调非市场因素,如贷款联保小组是一个可以有效解决道德风险的措施。通过将农户结成贷款联保小组,规定小组内的监督职责和惩罚措施,可以使小组内的其他农户不受惩罚与牵连,同时顾及小圈子内的影响,互相援助,按时还款。

2. 不完全竞争市场理论的政策主张

(1)建立完善的金融市场体系。为实现非市场要素介入的有效性,完善的金融市场体系是前提条件,因此,发展中国家首先要进行农村金融改革,消除金融市场运行过程中的障碍。

(2)维持稳定的宏观经济环境。稳定的宏观经济环境是农村金融发展的基础,同时要保证低通货膨胀水平。

(3)在农村金融市场尚未发展成熟之前,应适当限制实际利率水平并限制存款利率的增长,当农村内部资金无法完全满足信贷需求时,可以引入外部资金。

(4)适度发展政策性金融,并为金融机构提供一定的保护性政策,限制完全自由化的市场竞争。

(5)鼓励采用联保小组、互助合作社、担保融资等方式解决信息不对称、道德风险等问题。

(6)政府部门应出台政策法规规范民间借贷市场,提升其市场运行效率。

3. 不完全竞争市场理论述评

不完全竞争市场理论认为在农村金融市场没有完全成熟前,应采用政府约束政策以维持农村金融市场的稳定发展,但这个理论仍存在一些问题,该理论只看到不同个体掌握不同信息的弊端,没有考虑到这些信息可以通过种种方式加以利用而变成有效的知识资源。有学者认为,该理论下的"市场失灵"并不是真正的市场失灵,而是正常的市场现象,企业家通过对市场进行判断并寻找机会的过程中,他们承担了风险,在为其带来收益的同时满足了消费者的需求,这种供求的差异是可以通过市场机制自发调节的。不完全竞争市场理论主张限制竞争和限制新兴金融机构发展,这与培育成熟的市场机制相矛盾。最后,不完全竞争市场理论把政府对市场提供一般性政策框架并对市场提供辅助性支持的过程与直接干预市场的过程混同,将两者一概视为"政府干预",而这两者是截然不同的。

(四)微型金融理论

1. 微型金融理论的产生与基本观点

在 20 世纪 70 年代前,由于农业信贷补贴理论的缺陷,使得针对贫困农户的专项贷款出现了倾向富裕农户或贷款偿还率低的问题,因此,采用什么样的金融扶贫模式来保证政策补贴可以有效到达贫困农户手中是专家学者一直思考的问题,在此背景下,微型金融理论产生了。微型金融理论是基于金融深化理论之上对不完全竞争市场理论的发展,其强调利用农户在意小圈子影响力的特征,通过农户的互相帮扶、互相监督等机制,将传统金融的成本优势、民间金融的信息优势和政策性金融的政策优势结合起来,共同克服农村金融市场中交易成本过高、市场失灵明显、农户鲜有担保抵押物品的困难,通过农户、金融市场和政府部门的共同努力来促进农村金融市场的有效发展。该理论主张政府部门对市场的适度约束,包括创造稳定的宏观经济环境、出台促进农村金融发展的相关政策、完善法律制度环境、积极培育具有自我约束、自我激励、可持续发展的微观金融主体、必要时通过政策性金融干预农村金融市场。

2. 微型金融典型发展模式

国际微型金融的典型发展模式主要有四种,这四种模式不是单纯为缓解贫困而设立的,其设置均实现了机构发展的营利性和信贷支持的可持续性。

(1)孟加拉乡村银行。孟加拉乡村银行模式是现代模型金融最早、最典型的模式。这种模式通过联保小组的方式获得借款,帮助当地农民通过自我创业的方式改变生活状况。后来,乡村银行改制成为具有独立法人机构地位的股份公司,且给予政策便利,不要求其遵守金融制度约束。

(2)玻利维亚团结互助银行。这种模式是非政府组织微型金融商业化运作的代表,是专门为微型企业服务的商业银行,采用团体贷款模式提供信贷服务。

(3)印度尼西亚人民银行。这种模式是在原有贴息贷款政策失败后的一种转变。印度尼西亚人民银行与之前提供完全金融服务的农村银行合并,并成立乡村信贷部,不再依靠农业部及村级机构改革委等政府机构筛选客户,而是设立乡村信贷部,银行自行根据市场制定利率,根据客户需求发放小额贷款和吸储,通过引入普通农业贷款产品、自行设计农村储蓄产品等方式实现商业化转变,同时也可以较好的达成帮助中低收入农户创收的目的。

(4)国际社区援助基金会的村庄银行模式。村庄模式是以村和社区为基础的贷款和储蓄协会,目的是为农村地区提供金融服务,实质是小组规模较大的团体贷款模式。同时基金会积极提供多样化的金融产品,与多家机构合作,因此得以迅速发展。

3. 微型金融理论述评

微型金融理论在全球实践中获得了巨大成功,证明了贫困群体也可以享受金融服务,同时通过政府的适当干预可以保障金融机构与贫困农户的双赢。但仍有部分学者认为微型金融理论的反贫困绩效无法确定。该理论虽然强调农户自身、金融机构和政府机构均需要为农村金融发展作出贡献,但起关键作用的仍是政府部门,且依赖的金融机构也以银行为主,因此有学者认为该理论无法从根本上解决贫困问题,不能一味地依靠政府干预,需要依赖经济增长和生产发展。

(五)普惠金融理论

1. 普惠金融理论的产生与研究重点

由于微型金融理论存在一定问题,有部分学者提出可以将微型金融拓展到更宽泛的范围,除了银行类金融机构外,还可以加入其他类型的金融机构帮助农村金融获得更大发展,甚至成为国际金融体系中主体的一部分。在此背景下,普惠金融理论诞生了。普惠金融首先由联合国提出,实质就是微型金融概念的扩展,它将微型金融的扶贫机制扩展到金融网络里,致力于构建一个系统性微型金融服务网络,并将其纳入金融发展中的重要一环。可以说,普惠金融理论是在金融市场理论、不完全竞争市场理论和微型金融理论的基础上逐步发展起来的。

在这之后,普惠金融进一步发展。普惠金融理论将金融发展与金融福祉分配结合在一起,强调金融服务获得的公平性和合理性,致力于为"不被金融机构所接纳的"弱势群体服务。

该理论重点强调了三个方面的本质特性:一是平等性。它强调金融服务需要覆盖"不被接纳的群体"。二是共享性。它强调普惠金融发展带来的收益是全社会群体所共享的。三是福祉性。它强调国家需要通过政策落实更多福祉分配到其客户群体上。

2. 普惠金融理论的主要观点

(1)普惠金融发展的路径和本质。普惠金融发展路径主要包括内生式发展路径和外生式发展路径。内生式是由市场自身决定的发展模式,这种模式容易引发市场失灵;外生式是由政府计划主导的模式,这种模式会导致资源利用效率低下。因此,需要在不同阶段使用不同的政府干预政策。

(2)普惠金融具有四个效应。具体分为个体行为效应(当弱势群体接受普惠金融服务时,其经济行为会因此改变)、性别差异效应(女性从普惠金融中获得的利益要大于男性)、经济增长效应(普惠金融的发展有利于金融体系的完善,最终可以促进社会进步和经济增长)、社会发展效应(普惠金融可以带动国民经济发展)。同时,普惠金融可以有效改善金融生态环境。

(3)普惠金融体系的建立需要顶层政策框架设计、监管机制完善到中层金融基础设施搭建,再到底层金融机构的参与,从上到下共同努力,并在坚持市场化导向为主导的前提下,处理好政府部门、金融机构和客户三者的关系。实践证明,当普惠金融体系逐渐完善时,一国的金融贫困现象就会得到改善。

3. 普惠金融理论述评

普惠金融理论的提出扩大了金融服务群体的范围,将原来"被抛弃的群体"纳入金融服务体系当中来,为现代金融发展提供了新的可能。该理论可以较好地适应发展中国家农村金融发展的实际,发展中国家可以合理借鉴和消化普惠金融理论,结合本国实际走出农村特色普惠金融发展道路。

(六)马克思经济学农业相关理论

1. 马克思经济学关于农业发展理论

马克思经济学强调农业的基础地位,认为农业生存是人类发展的起点。随着社会分工的细化,人类社会逐渐分化为城市和乡村,虽然这是社会进步的结果,但资本主义制度下给社会发展带来了很多负面影响,给农民本身带来了很多灾难性伤害,因此,需要消灭旧的分工,消除城乡差异。

而以上的关键在于物质积累,按照马克思的思想,消除城乡差异、促进农业的健康发展是社会发展过程中的必经环节。但农业生产具有"弱质性",对自然资源有极大的依赖性,因此发展农业需要其他要素替代一定的自然资源要素。

2. 马克思经济学关于金融发展理论

该理论的核心观点是经济增长决定金融发展,金融发展对经济增长具有反作用,这是马克思主义哲学和劳动价值论的具体体现。同时,马克思金融理论中强调信用的价值,马克思将信用定义为一种建立在以偿还为条件的经济上的借贷行为。只有金融活动中有了信用,才能真正对经济活动起到正向影响,而银行类金融机构是社会的信用中介,是金融发展过程中的基础主体。

3. 马克思经济学关于农业发展的金融支持理论

改善农业发展的"弱质性"特点,可以对农业再生产过程持续追加投入资本要素,改变农业再生产过程中的资源结构和资源配置,并形成对传统要素的有效替代,这是增强农业战略地位的基本途径。同时农业发展离不开技术进步,利用技术要素替代一定的自然资源要素也是重要方式。

技术进步和追加资本要素都离不开金融支持,当农业技术水平不断提高、资本有机构成不断提升后,会促进引致资本的增长,进而进一步提高农业发展水平,最终形成一个良性循环。

4. 马克思经济学农业相关理论述评

马克思认为农业、金融支持、金融发展三者之间存在着必然联系,农业的发展离不开金融支持,金融支持农业发展可以更好地促进金融发展和社会进步,当技术、资本等通过金融发展获得更大提升时可以替换更多自然资源进而促进农业发展,同时利用金融机构的自身优势为农村金融发展提供信用保障,进而帮助农村建立和谐的金融市场,最终建立无差别的社会分工,实现社会阶层的共同发展。

三、国内农村金融相关理论

（一）农村金融局部知识理论

1. 农村金融局部知识理论的产生

局部知识是指分散在无数个体当中的、涉及特定时间和地点的具体形势的知识，也称分散知识（dispersed knowledge）。在农村金融市场中，存在着大量局部知识而非全局知识（众人皆知的信息），按照内生增长理论的阐释，局部知识的存在表现为信息不对称和市场失灵，需要进行政府干预。但局部知识理论与之完全相反，它认为局部知识的存在不需要进行市场干预，可以完全依靠市场机制发现和利用这些局部知识来减少农村市场信息不对称的问题，这个理论是基于哈耶克的局部知识论产生的，与农村金融理论有较多相似之处。这一理论由我国学者冯兴元、何广文和德国学者何梦笔在 2004 年共同提出，其理论发表于《试论中国农村金融的多元化——一种局部知识范式视角》一文中。

2. 农村金融局部知识理论的主要观点

（1）要建立竞争性金融市场，可以通过激励不同类型的金融机构进入农村金融市场，并通过政府部门监督管理等方式建立良性竞争秩序。因此，在金融机构进行市场竞争之余，还需要政策性金融提供一定的优惠政策以保证竞争性金融市场不能提供服务的客户也可以被服务到。这样一种农村金融秩序框架是与局部知识范式兼容的。

（2）从知识论角度看，传统（正式）金融主要利用全局知识和局部知识共同为其提供信息，而新兴金融模式（准金融和非正式金融）主要利用局部知识，因此，传统金融的监管更为容易，新兴金融的监管难度较大。

（3）农村金融组织在满足金融需求方面存在六个问题，包括金融服务需求主体的多层性和需求的多样性问题、农村内生资本流向收益率更高的外部市场及传统金融垄断问题、农户融资困难及金融功能配置错位问题、非正式金融非法生产问题、政策性金融发力点集中但覆盖面少的问题、农村金融机构经营效果差的问题。

3. 农村金融局部知识理论的主要政策主张

(1)农村金融市场由多个局部金融市场构成,存在大量局部知识,这可以为金融机构带来机会,需要各个类型的金融机构都意识到局部知识的重要性并充分利用,以更好地服务农村金融市场。

(2)鼓励竞争,通过政策开放和市场开放吸引不同类型的金融机构进入农村金融市场,通过竞争实现市场化。

(3)推行农村利率市场化,不限制存贷款利率的上下限。

(4)政策性金融不应成为农村金融市场的主体,应作为辅助手段发挥一定作用。

(5)弱化监管的作用,改革不必要的限制,努力发展地方金融机构,扶持当地金融机构的内生发展。

(6)允许非正式金融在一定的秩序框架内运作,监管当局需要发挥积极作用,不一味地限制,而是在框架内降低风险保持活力。

(7)大力发展真正意义上的合作金融。通过社员共享局部知识以解决限于一个地方经济主体的资金互助问题,并解决利率市场化前提下商业金融贷款利率偏高的问题。

4. 农村金融局部知识理论述评

农村金融局部知识理论从知识论角度明确了农村金融市场的发育途径,强调拓展和利用市场过程,由此充分利用局部知识,以开放试错的方式推进农村金融组织、活动与产品的多元化,营造一种农村金融多元竞争的生态,可以较好地为农村金融发展进而促进经济增长提供条件。

（二）金融可持续发展理论

1. 金融可持续发展理论的产生

金融可持续发展理论是我国学者白钦先在 20 世纪末提出的,该理论以金融结构理论和金融功能观为基础,探究以金融资源为核心的金融可持续发展路径及如何建立完善的金融生态系统。

2. 金融可持续发展理论的研究内容

金融可持续发展是指通过金融体制、金融机制、金融效率、金融资源的调整,达到金融与经济的持久健康发展,而关于金融体制、金融机制等的调整是建立在遵循客观经济发展规律之上的,以保证社会长久进步的前提下。金融可持续发展理论主要针对金融资源属性、金融结构与金融功能、金融效率及金融可持续发展等问题进行研究。该理论认为金融属于资源,并将金融资源属性细化为三个层次,同时提出金融资源二重性观点——金融资源既是资源配置的机制,也是资源配置的对象。白钦先发现了"金融倾斜逆转"现象,即直接融资规模和市场份额均逼近或反超间接融资,并发展了金融结构理论,提出金融结构变化不一定是向利好方向发展,也可能会造成金融风险,但金融功能的延伸和效率的提升使金融发展。

在理论体系中,金融效率研究的重要性逐渐显现,因为它将金融资源、金融功能等进行了有效管理。金融可持续发展理论认为金融效率是金融资源在金融系统内部和外部的协调配置情况,通过评估金融效率可以较好地指导国家金融发展。

3. 金融可持续发展理论述评

这一理论具有重要的理论价值和应用价值,通过全新视角审视金融发展问题,提出了金融发展可以为社会长远发展服务的理念,为学者研究后续发展问题提供了新的理论框架和思路,同时为一国建立金融体系,发挥金融资源配置作用和金融功能上都具备现实指导意义。

第三章　河北省农村金融的发展现状

经过多年的改革与发展,河北省农村金融取得了显著的进步,供给主体逐渐增多,农村金融市场逐渐形成,农村金融产品和服务不断满足农村地区的需求,农村信用体系、支付体系逐渐建立及完善。同时,国家金融政策、财政政策的大力扶持,使得河北省逐渐形成了多功能的农村金融体系。但是,由于农村地区经济发展相对落后,现有的金融服务体系并不完善。经济落后导致对金融服务低需求化、金融供给主体在农村地区数量不足、金融产品可供给数量不足、金融服务水平有待提高以及征信体系、支付结算体系的不完善等都是制约河北省农村金融市场发展的因素。因此,开发适用于农村经济发展的金融产品、探索多元化金融服务方式、逐步完善农村金融体系成为目前河北省农村经济发展的迫切需求。

一、农村金融供给主体

农村地区经济的发展离不开农村金融的支持。农村金融体系能够为农村经济发展提供各项金融服务,通过提供传统金融产品以及新型金融产品,给予农村经济一定的资金支持,传统的存款、贷款业务,能够保障农村资金的安全性和流动性,此外,农村金融供给主体还提供包括期货、证券、保险等在内的更多金融服务。在农村金融供给主体中,大型商业银行、股份制商业银行、农村信用社、农村商业银行等被划分到正规金融之列,存在于个人、家庭、企业之间的非官方的金融交易活动都属于非正规金融,如私人贷款业务、商业信用等。笔者对河北省农村金融体系按供给主体划分,如图 3-1 所示,主要包括政策性金融、商业性金融、农村合作金融、农业保险以及农业担保等。

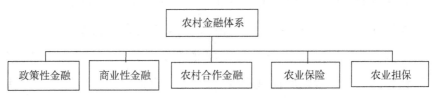

图 3-1　河北省农村金融体系

(一)政策性金融

1. 政策性金融概述

政策性金融与其他金融供给主体的不同之处在于它是依靠国家的信用,在国家政府支持下,严格遵循国家法律法规对经营业务、经营对象等给予较高的存贷款利率优惠政策,并且采用的融资方法比较特殊。通常政策性金融机构是为了实现国家的某些特定政策而进行的业务开展,最终为实现特殊目标,促进资金融通。政策性金融包括所有的规范的政策性贷款、政策性存款、担保、贴现、保险等特殊的金融活动。

中国农业发展银行是政策性金融具有代表性的供给主体,以特定的国家政策作为指导目标,为农村区域发生的经济活动提供各类金融服务支持。1994 年,建立了我国唯一的农业政策性银行,即中国农业发展银行。中国农业发展银行使命特殊,发挥的是国家对农村经济的战略支持作用,对农村经济发展提供资金支持和金融服务,是农村经济发展的坚强后盾,其依赖于国家信用体系发展。2018 年,中国农业发展银行在河北省设立省级分行 1 家,二级分行 11 家和 162 家县域支行,员工 3400 人。

2. 中国农业发展银行河北省分行业务经营

中国农业发展银行是由国务院直接领导的,性质属于政策性金融机构。其目的是为农村经济发展提供金融支持,致力于服务"三农"。经营的业务主要见表 3-1,对国家的方针政策进行严格落实,主要是对"三农"经济的支持,例如,对重要农产品的收购、调销贷款业务的办理;对水利水电、涉农基础设施建设贷款业务的办理;对农业经济开发、农业生产资料等贷款业务的办理。中国农业发展银行以实施国家支农政策为目标,不具有营利性,旨在为农村经济发展提供资金支持与金融服务。

中国农业发展银行于 1995 年在河北省成立了分支机构。中国农业发展银行为农村经济发展提供贷款支持,支农贷款产品不断增多,提供针对农村地区基础设施建设所需贷款、涉农小企业所需贷款、涉农龙头企业所需贷款等。中国农业发展银行河北省分行年度工作报告显示,截至2018 年底,贷款的总额达到了 1270.8 亿元。中国农业发展银行在农村建设、农村经济结构调整、农村经济、农村生活环境改善以及农民增收方面发挥了极大的推动作用。

中国农业发展银行河北省分行 2019 年度工作会议指出:2018 年,河北省农业发展银行积极践行国家方针政策,贯彻精准扶贫和乡村振兴战略,对"三农"经济提供服务,取得了明显成效。全年累计发放贷款 468.9亿元,与 2017 年相比增加了 176.4 亿元,2018 年底,贷款的总额达到了1270.8 亿元,增长幅度高达 21.1%,同时,在 2018 年末涉及的不良贷款达到 8.12 亿元,同年初相比下降了 7.95 亿元。发放的粮油储贷款金额累计达 71.4 亿元,其中,收购秋粮的贷款达到 28.8 亿元,超额完成总行下发的任务,完成率高达 192%,在全系统排名第一,较好地发挥了收购资金供应主力军作用。针对精准扶贫发放贷款累计达到 157.5 亿元,与2017 年相比增长了 57.9 亿元,2017 年末余额达 415.7 亿元,与年初相比增长了 79.9 亿元。推动脱贫工作的开展。聚焦棚改、水利、生态等薄弱环节,依法合规提供金融服务,累积发放中长期贷款 369.7 亿元,支持拆迁棚改面积 1454 万平方米、治理修复河道 72.4 千米、造林绿化 211 万亩,使农村经济生产环境和生态环境得到了显著的改善;针对河北省重要的"三件大事"——京津冀协同发展战略、雄安新区建设、冬奥会筹办工作,发放贷款284.7亿元。在支农贷款利率上实行低于同业80个基点的政策,切实做到利民、惠民、助民,开展"春天行动""夏秋攻势"等针对稳定存款增加存款数量的活动,平均每天的存款总额达到588.7亿元,与2018年初相比提高了52.6亿元。

表3-1　中国农业发展银行经营业务种类

中国农业发展银行经营业务	办理粮食、棉花、油料、食糖、猪肉、化肥等重要农产品收购、储备、调控和调销贷款。	组织或参加银团贷款、办理票据承兑和贴现等信贷业务。
	办理农业农村基础设施和水利建设、流通体系建设贷款。	吸收业务范围内开户企事业单位的存款、吸收居民储蓄存款以外的县域公众存款,吸收财政存款。
	办理农业综合开发、生产资料和农业科技贷款。	发行金融债券;办理结算、结售汇和代客外汇买卖业务。
	办理棚户区改造和农民集中住房建设贷款。	按规定设立财政支农资金专户并代理拨付有关财政支农资金。
	办理异地扶贫搬迁、贫困地区基础设施、特色农业发展及专项扶贫贷款。	从事同业拆借、存放、代理首付款及代理保险、资产证券化,企业财务顾问服务,经批准后可与租赁公司、涉农担保公司和涉农股权投资公司合作等方式开展涉农业务。
	办理县域城镇建设、土地收储类贷款。	买卖、代理买卖和承销债券。
	办理农业小企业、产业化龙头企业贷款。	经国务院或中国银行业监督管理委员会批准的其他业务。

资料来源:中国农业发展银行官方网站。

(二)商业性金融

1. 商业性金融概述

农村商业性金融主要指国有股份制商业银行和股份制商业银行依据农村地区经济金融发展需求建立的为农民和农企提供资金支持、金融产品和金融服务的机构,并且以营利为目的。虽然商业性金融机构提供的业务范围比较广泛,但是由于农业产业的弱质性特点,以及经营风险较高,使得商业性金融机构逐渐撤出农村地区,金融供给主体越来越少。在农村地区覆盖范围最广的有中国农业银行股份有限公司,并且对农村经济发展起到了举足轻重的作用,主要负责农业企业和农户的存、贷款业务,结合自身优势,不断创新农村金融产品和农村金融服务,坚持服务"三农"的定位,不断加大对"三农"的贷款支持。邮政储蓄银行为农村经济提供的服务最初只是存款业务,由于经济发展需求,将业务增加了贷款业务,致力于服务城乡居民,不断提高服务水平,为"三农"经济发展提供了多样化金融产品及服务。

2. 河北省农村商业性金融机构的发展现状

自 1978 年中国农业银行重新开办以来,其一直将发展农村金融事业以及支持农村商品经济视为最重要的目标。从 1990 年到 1999 年,先后进行了"一分、一脱、一剥"三项改革,从专业银行成功转型为商业银行。其中,"一分"是指将商业性业务和政策性业务分开,由 1994 年成立的中国农业发展银行负责政策性业务,"一脱"是指中国农业银行和农村信用合作社脱离,"一剥"是指向长城资产管理公司划转不良资产。2007 年,通过股份制改革,中国农业银行提高了服务"三农"的能力。2011 年之后,启动"三农金融业务事业部制"和"普惠金融业务事业部制"。

作为农村地区金融服务的主要银行机构,中国农业银行积极支持乡村振兴工作,致力于解决"三农"问题、全方位支持农村经济的发展。中国农业银行年度报告显示:2018 年,中国农业银行与农户相关的贷款额度为 3671.05 亿元,农民个人贷款余额为 2499.87 亿元。进一步推进了服务"三农""一号工程"的互联网金融业务的开展,让广大农民客户充分享受便捷高效的线上线下一体化现代金融服务。全行"惠农 e 贷"余额达到 1018 亿元,"惠农 e 付"县域农户版使用数量为 716 万户,覆盖超过 267 万户"惠农 e 商"上线商户。由上述可见,中国农业银行为农村经济注入了活水,为农村经济提供了优质的金融产品与服务,有效促进了"三农"经济的发展。

中国邮政储蓄银行网站显示:河北省邮政储蓄银行 1986 年恢复营业。中国邮政储蓄银行河北省分行于 2008 年 1 月 18 日挂牌成立,经过长期的发展,现已具备一定规模。2018 年拥有 11 家二级分行,一级支行 146 家,邮政金融网点 1445 个,县及县以下网点占比达到 70%,服务个人客户数约占全省人数的 40%。邮政储蓄银行推进乡村振兴、服务“三农”、精准扶贫、信贷产品创新、不断提高网点覆盖率、逐步完善金融服务、努力由服务小农户向服务“三农”转变,增加涉农贷款额度。目前,河北省“三农”信贷队伍已达 1200 人,为乡村振兴、精准扶贫、服务“三农”提供了充足的保障。截至 2018 年底,邮政储蓄银行河北省分行农村贷款余额已超过了 793 亿元,占全部贷款额的 44.5%以上。

邮政储蓄银行针对“三农”的金融服务业务已经全面覆盖农户和农业企业,力图构建良好的“三农”服务生态圈。它推出了多种贷款产品,主要有极贷款、政银企保、小额贷款、农民专业合作社贷款、政银保等近 20 种三农贷款产品。

邮政储蓄银行河北省分行成立以来,其定位十分明确(服务社区、“三农”和中小企业),优势突出(品牌优势、资金优势、渠道优势),导向合理(为实体经济提供金融服务),深刻的理念(深入践行“普惠金融”理念),明确目标(积极为企业和城乡居民提供优质的综合金融服务,与广大客户共同进步和共同成长)。到 2019 年 3 月底,邮政储蓄银行河北省分行资产规模达 3694 亿元人民币,存款总额 3466 亿元人民币,贷款总额 1870 亿元人民币。与 2019 年初相比,贷款额度净增 88 亿元人民币,新增存款贷款比例为 54%。

(三)农村合作金融

1. 农村合作金融概述

农村合作金融是指农村信用合作社在农村区域及乡镇开展的经济金融活动。1923 年,中国第一家农村合作金融机构于河北省香河县建立,它也是我国第一家农村信用合作社。农村信用合作社先后经历过几种管理体制的变迁,从最早期农村集体管理,变为人民公社管理,后来经历农业银行、人民银行、银监等部门管理的体制。

国务院于 2003 年对全国的农村信用合作社进行了新一轮的改革。2004 年,河北省作为第二批农村信用合作社试点省份进行了改革试点工作。2005 年 3 月 22 日,河北省政府根据当地的实际发展情况,通过成立河北省农村信用合作社联合会(以下简称省联社),解决农村信用合作社整个行业的管理问题。省联社由市联社和县联社组成,实行的是民主管理制,是具有独立企业法人资格的地方性金融机构,也是省政府对农村信用社的行业管理机构。其任务是对全省农村信用合作社、农村合作银行和农村商业银行的日常活动进行管理、调节、引导和服务。其工作主要有以下几个方面:指引农村信用合作社贯彻执行国家金融法规、政策,以"三农"为中心,提高服务水平,提升服务效率;引导监督农村信用合作社注重内控,切实提高经营管理水平,增加经济效益,对金融风险能够及时防范和化解。河北省农村信用合作社联合社在 2005 年 6 月 29 日正式挂牌成立。

2. 河北省农村信用合作社发展历程

农村信用合作社是支持农村地区经济发展的主要的金融供给主体,从成立、发展、改革,到现在已经有几十年的历史。改革开放前,农村信用合作社由基层行政组织管理转变到多边管理时期。我国从 1949 年到 1956 年,基本完成了社会主义改造。政府部门以农村为单位,成立农村信用合作社,由社员进行管理。"文化大革命"期间,由乡政府管理农村信用合作社,部分区域直接由大队、村级干部管理,管理能力不足等原因导致管理制度受损严重,农村信用社的业务实际处于停滞状态。1962 年,我国开始纠正"大跃进"过程中的极"左"错误,开始实施调整、改革、整顿、提高的经济政策,农村信用合作社的管理权由中国人民银行接手。1963 年以来,农村信用合作社的管理权转到了中国农业银行手中。直到 1965 年底,中国农业银行撤销后,农村信用合作社的管理权被移交给了人民公社和生产大队。在"大跃进"运动与"文化大革命"期间,农村信用合作社虽然经营不善和管理混乱,但其凭借垄断地位仍是农村金融市场的供给主体,为农村经济提供服务。1977年,"文化大革命"结束后,国务院颁布了《关于整顿和加强银行业工作的若干规定》,该规定确定了农村信用合作社在农村金融供给主体中的重要地位,农村信用合作社由中国人民银行继续管理。

改革开放后,中国农业银行恢复经营。1979年,中国农业银行重新管理农村信用合作社。1979—1996年,农村信用合作社作为中国农业银行的基层组织,为中国"三农"经济的发展提供服务。1996—2003年,农村信用合作社又归中国人民银行管理,指导农村信用合作社工作,监督农村信用合作社所开展的业务活动。

2003年,农村信用合作社由地方政府进行管理。农村信用合作社作为农村金融市场主要的供给主体,同时受中国人民银行监管。2003年4月,金融监管工作转移给银监会。2003年6月,开始进行农村信用合作社的改革工作。2005年6月,农村信用合作社监管权在河北省农村信用联合社成立后转移给河北省人民政府。

随着河北省农村信用合作社规模的扩大及改革的推进,全省范围内农村合作银行和农村商业银行已逐渐实现了制度改革。截至2018年底,省联社机关内部设有18个部门,15家市级农信机构(含11家审计中心、4家市级农商行),145家县级行社(含1家农合行、64家农商行),共有营业网点5009个,从业人员5.3万人;全省农信系统各项存款13549亿元,各项贷款9047亿元,总资产约16056亿元①,业务规模和资金实力位居全省银行业之首。

3. 河北省农村信用合作社经营现状

河北省农村信用合作社作为河北省农村金融不可或缺的组成部分,促进农村经济发展、服务"三农"、加快推进城镇化进程。我们从以下几

---

① 数据来源:河北省农村信用合作社官网。

个方面论述近年来河北省农村信用合作社经营状况：

(1)河北省农村信用合作社经营规模

河北省农村信用合作社为个人和企业提供存、贷款业务。为了满足个人与企业用于农业生产、企业经营的资金需求，其不仅提供传统的存、贷款业务，还提供最长期限为 3 年的农贷宝小额贷款(针对个人客户，如农户、种养殖大户、农民专业合作社、产业化带头人及个体工商户等)，以及针对小微企业的联保贷款。由图 3-2 可知，2009—2018 年河北省农村信用合作社贷款数量、存款数量均逐年增加，2010 年以来增长速度加快。2009—2018 年河北省农村信用合作社经营总体平稳，主要业务指标稳中向好。存款余额从 4211 亿元增加到 13549 亿元，贷款总额从 2626 亿元增加到 9047 亿元。存、贷款业务持续增长，为农村地区经济增长与城镇化进程加快提供了大量的资金支持与金融服务。2018 年，各项存款总额为 13549 亿元，与年初相比增加了 1093 亿元。其中，储蓄存款总额为 11692 亿元，与年初相比增加了 1121 亿元，增长速度达 10.6%，比全省银

单位：亿元

图 3-2　河北省农村信用合作社存、贷款余额

数据来源：河北省农村信用合作社官网。

行业平均增速高 1.6 个百分点,储蓄存款余额市场份额占比 34.4%。贷款余额 9047 亿元,与年初相比增加 1000 亿元,增速为 12.4%,与全省银行业平均增速相比,提高了 1.2 个百分点。

(2)河北省农村信用合作社支农力度

河北省农村信用合作社以服务"三农"、乡镇企业和县域经济为宗旨。由表 3-2 可知,河北省农村信用合作社涉农贷款占贷款总额的比重非常高,2013—2015 年涉农贷款占贷款总额的比例超过了 80%。其中 2013 年贷款总额 4684.9 亿元,涉农贷款 3938.7 亿元,占当年贷款总数的 84.1%;2014 年涉农贷款 4422.6 亿元,占当年贷款总数的 83.8%;2015 年涉农贷款 6083.7 亿元,占当年贷款总数的 81.2%;2018 年贷款总额 9047 亿元,涉农贷款 5163 亿元,占当年贷款总数的 57.1%,和年初比较增长了 669 亿元。小微企业贷款总额 5439 亿元,占各项贷款的 60.1%,和年初比较增加了 557 亿元。河北省农村经营主体的主要融资渠道是河北省农村信用合作社。除此之外,河北省农村信用合作社还办理小额贷款、生源地助学贷款等帮扶贷款,来满足农民不同贷款的需求。同时,为加快贫困地区脱贫进程,河北省农村信用合作社积极全力开展扶贫工作,发放扶贫贷款,在隆化县形成了"政府、银行、企业、保险"模式。截至 2018 年末,隆化县联社累计发放了 6388 笔"政银企户保"贷款,覆盖贫困群体 7000 余户,总额度达到 7.32 亿元。

表 3-2　河北省农村信用合作社 2013—2018 年涉农贷款情况

年份	涉农贷款/亿元	当年贷款余额/亿元	所占比例
2013	3938.7	4684.9	84.1%
2014	4422.6	5276.8	83.8%
2015	4939.5	6083.7	81.2%
2016	3986.5	6985.64	57.1%
2017	4492	8047	55.8%
2018	5163	9047	57.1%

数据来源:根据河北省农村信用合作社公布数据整理得出。

（3）河北省农村信用合作社经营利润

目前,我国宏观经济发展呈下降趋势,宏观金融政策趋紧,存贷利差缩小,实体经济发展速度放缓等因素,都影响着金融业的发展,但是在此背景下,河北省农村信用合作社依然实现了利润不断增长。从图3-3可知,2009—2016年,河北省农村信用合作社拨备前利润由70.9亿元增加到193.74亿元。2016年拨备前利润为193.74亿元,超过2015年135.4亿元,盈利情况超出预期盈利水平。

单位：亿元

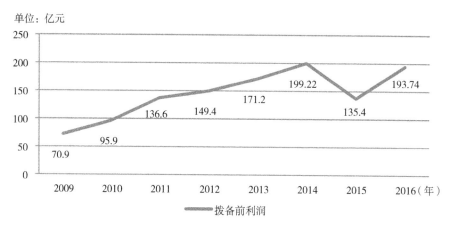

图3-3　河北省农村信用合作社拨备前利润

（四）农业保险

1. 农业保险概述

农业保险是针对农业生产经营者在生产过程中因面临风险而提供的财产保障,包括在林业、种植业、畜牧业、养殖等过程中,因自然灾害、意外事故、疫病等造成的经济损失。

按照经营模式,农业保险分为政策性农业保险和商业性农业保险。政策性农业保险是指在政府主导下,通过保费补贴等形式,对种植业和养殖业面临的风险由保险公司按照市场化的经营模式实施的一种风险保障方式。将财政手段与市场机制相结合,大大提高了财政手段在推动农业生产、分散农业风险方面的作用。由于农业生产本身的弱质性以及风险性较高、损失率高,目前我国农业保险的发展主要是依靠政府的主导,政府提供财政支持,保险公司进行市场化运作。商业性农业保险完全由保险公司承办,保险公司对农业生产者在生产过程中面临的自然灾害、意外事故、疫病和其他风险进行保障,并且经营产生的盈余亏损都由保险公司来承担。政策性农业保险作为一种制度安排,本质上是国家对农业的净投入。

政策性农业保险是建立在政府引导基础上并由政府来推动的。政府为农业保险的发展提供保费补贴以及政策支持,设立农业保险基金,宣传农业保险,组织农民、农村家庭和农村企业购买保险,降低农业风险,提高农民收入,从而推动农村经济可持续发展。

2. 河北省农业保险市场的供给能力

农业保险市场的供给能力取决于农业保险供应主体的结构、数量、规模和风险承受力。我们将从以下几个方面来衡量农业保险供给主体的供给能力。

（1）农业保险产品种类

2007 年以来,我国开始开展政策性农业保险试点工作,农业保险产品种类持续增加。目前,河北省有能繁母猪、奶牛、小麦、玉米、油菜、棉花、花生、马铃薯等十余种政策性农业保险,商业性农业保险包括森林火灾保险、塑料大棚蔬菜保险、麦收期火灾保险、养鸡保险等。如表 3-3 所示,政策性农业保险的保险费率在 4%—7%,玉米和奶牛的保险费率均为 7%。政策性农业保险遵循"中央保大宗,地方保特色"原则,在国家有关政府部门的领导下,不断调整政策性农业保险试点工作方案。种植业补贴保险将自然灾害对农作物种植成本造成的损失作为保险责任;养殖业补贴保险将因自然灾害、意外事故和重大病害造成被保险主体死亡作为保险责任。

为了分散农业生产面临的风险,政府应该将农业保险的覆盖面不断扩大。政策性农业保险在政府补贴能力和农民保费承受能力内,所提供的险种基本上是保成本的险种。由于农业生产的特殊性,以及风险的频发性,造成一次风险事故发生涉及的范围较广,损失较大,极易产生巨灾风险。加上保险公司都是以盈利为目的的,因此,开展农业保险业务需要以政府的统一领导与支持作为基础。2017 年,河北省农业保险保费收入达 25.75 亿元,参保农户达 1157.6 万户(次)承保玉米、小麦、蔬菜、林果等种植业面积大约 17837.6 万亩、养殖业数目达 1771.3 万头(只),为全省农户提供风险保障金额 815.3 亿元,支付赔款 11.76 亿元,受益农户218.9 万户(次),农业保险基本实现了全覆盖,充分发挥了农业保险的风险分散功能。

虽然河北省农业保险覆盖范围在逐渐扩大,但农业保险产品种类比较单一,不能满足不同地区农民的保险需求,鉴于河北省各地经济发展程度存在差异,农业产业结构不同以及农业面临的风险不同,因此需要根据当地农业经济发展的实际情况设计合适的农业保险产品,切实发挥农业保险的风险保障功能。在传统险种基础上,进行产品创新,引入巨灾风险分散机制,完善河北省农业保险产品结构和风险分散机制。

表 3-3　河北省政策性农业保险主要险种的保险金额、费率及自付比例

主要险种	保险金额/元	费率	自付比例
玉米	260	7%	20%
小麦	300	5%	20%
棉花	400	6.5%	20%
水稻	300	6%	20%
花生	350	4%	20%
大豆	300	6%	20%
油菜	300	5%	20%
马铃薯	350	6%	20%
能繁母猪	1000	6%	20%
奶牛	5000	7%	20%

数据来源:河北省财政厅。

（2）农业保险经营主体

农业保险经营主体是经营和管理农业风险的保险机构,包括经营农业保险业务的保险公司、保险经纪公司、再保险公司等。1982 年,我国农业保险事业恢复经营以来,农业保险发生质的变化,保费收入持续增长。特别是 2007 年实施政策性农业保险试点以来,农险保费收入在财险保费收入的占比每年都有所提高。除某些年份发生重大灾害之外,其余每年基本都能实现盈利。由于农业生产风险性极高,所以,保险公司在农险方面的经营利润一直比较小。目前,包括专业保险公司、综合保险公司、再保险公司和保险经纪公司在内的农业保险经营机构体系已初步形成,专业保险公司和综合性保险公司市场份额占比较大。具有开展农业保险资格的财险公司均可以开展农业保险业务,同时可以将农业保险业务采取再保险方式,实现风险的纵向转移。

就其他省份相比较而言,河北省在全国范围内农业保险市场供给较少,集中度较高。截至 2017 年末,河北省有农业保险业务的保险公司已经由人保财险一家独大,扩大到包括太保产险、太平财险、安华农险、华农、中华联合、国寿财险在内的 7 家保险公司。从表 3-4 来看,河北省农业保险业务经营集中度比较高,存在一定垄断性。2017 年,人保财险农险保费收入为 14.6 亿元,占比 56.7%,占据了一半以上的市场份额,中联农险保费收入 5.3 亿元,市场份额为 20.63%,太保产险农险保费收入 3.9 亿元,市场份额 15.25%,国寿财险农险保费收入 1.8 亿元,市场份额 7.13%。可以看出河北省农业保险集中度比较高,市场供给主体比较少,非常不利于农险市场的公平竞争,造成农险市场供给数量减少以及质量下降,不利于农业保险总体水平的提高。

表 3-4　2017 年河北省各保险公司农业保险业务统计

保险公司	保费收入/百万元	市场份额	赔款支出/百万元
人保	1460.1	56.7%	694.2

保险公司	保费收入/百万元	市场份额	赔款支出/百万元
中华联合	531.38	20.63%	256.16
太保产险	392.76	15.25%	146.39
太平财险	0.97	0.037%	0.04
安华农险	5.3	0.21%	0
国寿财险	183.73	7.13%	76.82
华农	1.02	0.041%	2.4
总计	2575.44	100%	1176.01

数据来源:《中国保险统计年鉴》。

(3)农业保险经营水平

从2007年政策性农业保险开始试点以来,河北省农业保险有了新的发展,保险费收入持续增加,赔付率逐渐降低,保险公司在农业保险业务经营中产生了一定的利润,农业保险在转移农业产业风险,推进贫困地区脱贫方面起到了显著的作用。由表3-5可知,从2008—2017年,河北省农险保费收入每年都有一定程度增长,由2008年4.7亿元增加到2017年25.75亿元,2017年农险保费收入为2008年的5.5倍,农业保险覆盖范围逐渐增加。2009年,河北省遭遇了极端恶劣天气以及百年一遇的大雪,部分农作物受损,造成了巨大损失,所以在2009年河北省农险赔付率高达71.63%,2015年河北省遭受冰雹、暴雨袭击,各地农作物损失较多,甚至绝产,赔付率除去2009年的71.63%,2015年的78.33%,其他年份的赔付率均在20%—50%。说明河北省农业保险赔付率有所下降,保险公司利润有所增加。随着农业保险承保范围的增加,农业保险经营更加符合"大数法则",收益率有所提高,但是农业生产发生巨灾风险的可能性大,极易受自然环境影响,一旦发生极端自然风险,经济损失巨大,需要进行再保险分散风险以及建立巨灾风险分散机制。

表 3-5　河北省 2008—2017 年农业保险赔付率情况

年份	农业保险保费收入/百万元	农业保险赔款支出/百万元	赔付率
2008	470.46	198.17	42.12%
2009	557	339	71.63%
2010	653.27	208.48	31.91%
2011	760.47	186.75	25.56%
2012	1286	569.83	44.3%
2013	1682.90	866.03	51.46%
2014	1790.25	868.88	48.53%
2015	2201.96	1724.76	78.33%
2016	2287.1	1302.31	56.94%
2017	2575.44	1176.03	45.66%

数据来源:《中国保险统计年鉴》。

(五)农业担保

1. 农业担保概述

农村经济主体面临着"融资困难、融资昂贵"等问题。一方面,本身缺乏自我担保的抵押物、质押物,由于贷款安全原因,金融机构不愿在农村地区放贷,另一方面,农业生产的高风险决定了农业经济发展的不确定性,而且受自然灾害和产业风险的影响,农业产业极易导致经济亏损,甚至是颗粒无收。因此,建立和完善农业担保体系对于帮助农村经济主体获得贷款资金至关重要。农业担保公司的建立可以为农村经济主体提供信用担保服务,帮助农民、农业合作社和农业企业解决面临的"融资困难"的问题,向农村地区投入财政资金,发展农村经济,促进农业产业化和现代化发展,鼓励农民增加收入和提高效率,为农民、农业合作社、大型农村企业、种养大户季节性、临时性生产提供资金支持。河北省农业信贷担保有限公司是河北省人民政府批准成立的国有独资企业,成立于 2016年,注册资本为 24 亿元人民币。

2. 河北省农业信贷担保有限责任公司经营现状

河北省农业信贷担保有限责任公司(以下简称省农担公司)自2016年5月成立以来,一直在河北省财政厅的正确领导下,坚持服务农业及适度规模经营主体的政策方向,积极搭建金融资本和河北省适度规模经营主体之间的桥梁。到2018年末,河北省农业信贷担保公司为新型农业经营主体,总计提供担保金额达到10.83亿元人民币,累计提供担保项目2116个;累计贷款担保金额达到10.28亿元人民币,累计贷款担保项目2002个,农业信贷担保业务规模突破10亿元,农业担保业务在河北省11个市、141个县落地,基本上在河北省实现了全覆盖。

公司经营的业务包括贷款担保、项目和贸易融资担保、票据承兑担保、信用证担保以及其他融资性担保业务等;诉讼保全担保、预付款担保、投保担保、工程履约担保等和其他的履约担保活动;提供中介服务,如与担保活动有关的融资建议和财务建议;用自有资金投资,再担保业务,债券发行担保业务,以及政策允许的其他业务。

信贷担保公司所服务的行业包括农业和林业中具有优势特色的产业,例如,粮食生产、畜牧和水产养殖、菜果茶等,再如,农业设备、农业机械、农业基础设施等农业社会化服务,以及与农业部门相关的综合发展项目,包括新发展的具有观光特色的农业和兼具休闲的家庭农业。服务对象主要集中在家庭农场、农民合作社、种养大户、社会化农业服务组织、小型和微型农业企业以及国有农(团)场符合条件的农业适度规模经营主体。

目前,河北省农担公司已经与包括省邮储银行、省农行、省中行和省工行在内的十五家金融组织签署了合作协议,授信额度总计100亿元,陆续推出了冀农贷系列贷款担保产品,包括:"冀农贷—粮食种植贷"、"冀农贷—粮食收储贷""冀农贷—蔬菜种植贷""冀农贷—渔船贷"和"冀农贷—普惠贷"等,有助于帮助各类农业经营主体解决融资成本高、融资困难、融资缓慢等问题,有助于促进河北省农村振兴战略的实施。公司经营的部分贷款产品,见表3-6。

表 3-6　河北省农业信贷担保有限责任公司部分贷款产品

产品名称	产品介绍
冀农贷·粮食种植贷	适用范围:从事小麦、稻谷、玉米、高粱、豆类和薯类种植的专业大户、家庭农产、农民合作社、小微农业企业等;贷款可用于支付地租和人工费用、购买农资等与粮食作物种植有关的相关流动资金。 反担保方式:100 万元以下一般以信用担保为主,包括成年子女和第三方自然人。100 万元—300 万元相应提供房产、土地等抵押物。
冀农贷·畜禽养殖贷	适用范围:从事畜禽养殖的专业大户、家庭农场、永民合作社、小微农业企业等;贷款用于养殖相关资金用途。 反担保方式:100 万元以下一般以信用担保为主,包括成年子女和第三方自然人。100 万元—300 万元相应提供房产、土地等抵押物。
冀农贷·粮食收储贷	适用范围:从事小麦、稻谷、玉米、高粱、豆类和薯类种植的专业大户、家庭农产、农民合作社、小微农业企业等;贷款用于支付粮食收储流动资金。 反担保方式:100 万元以下一般以信用担保为主,包括成年子女和第三方自然人。100 万元—300 万元相应提供房产、土地等抵押物。
冀农贷·蔬菜种植贷	适用范围:从事蔬菜(含瓜果)种植的专业大户、家庭农场、农民合作社、小微农业企业等;可用于改建大棚、购买农资,支付地租和人工工资、租赁农机具等与蔬菜种植相关用途。 反担保方式:100 万元以下一般以信用担保为主,包括成年子女和第三方自然人。100 万元—300 万元相应提供房产、土地等抵押物。
冀农贷·普惠贷	适用范围:从事水产类、特色种植类、加工类、贸易类、服务类专业大户、家庭农场、农民合作社、小微农业企业等;可用于购买生产经营资料、设备租购、支付土地流转费用等。 反担保方式:100 万元以下一般以信用担保为主,包括成年子女和第三方自然人。100 万元—300 万元相应提供房产、土地等抵押物。
冀农贷·渔船贷	适用范围:从事渔业捕捞和运输的专业大户、家庭农场、农民合作社、小微农业企业等;贷款可用于与渔船运营相关的油料及网具等设备购置、船舶日常维护、支付船员工资等。 反担保形式: (1)借款人须出具《财政补贴收益质押承诺函》并购买船东雇主责任险或人身意外伤害保险,受益人为合作银行经办行或省农担公司; (2)申请额度 10 万元(含)—80 万元(含)的办理渔船抵押,且抵押物价值不低于担保额度 100%,抵押权人为合作银行。申请额度 80 万元—100 元(含)的,借款人在渔船抵押基础上至少提供 1 名保证人,被保证人为省担公司。

资料来源:河北省农业信贷担保有限责任公司官网。

省农担公司不断丰富和完善惠农产品,先后提供"冀农贷·粮食贷""冀农贷·蔬菜贷""冀农贷·畜禽贷""冀农贷·普惠贷"等贷款担保产品,基本上涵盖了所有农业生产,并且可以解决农村地区"贷款困难"的问题。省农担公司与14个金融机构,25个市、县政府签署了合作协议,让贷款户享受到控制在8%以下的利率优惠政策,运用财政贴息、贴费方法降低融资成本,并且积极构建覆盖全省的农业信贷担保服务网点。

二、农村金融市场

(一)农村金融产品和服务

伴随农村经济的发展以及农业生产方式的转变,农业生产对金融产品与服务的需求也在不断增强。近年来,河北省农业金融体制逐渐完善,为农村市场提供的金融产品不断增加,服务水平不断提高,但是,仍然存在诸如服务主体单一和产品缺乏创新之类的问题。

1. 信贷产品不断增加,满足农村市场需求

农业生产面临的问题主要有资金不足、农业产业风险性高等,农村地区经济的发展以及产业化经营,对金融产品和金融机构的依赖性增强。河北省金融机构根据农业经济发展需求不断增加信贷产品种类,并且进行创新与改进。农业发展银行向小型农业企业和产业化龙头企业提供贷款,向农业综合开发、生产设备、农业科技和农业基础设施建设等提供贷款,并积极参与到精准扶贫工作中,为棚户区改造和农民集中住房建设提供贷款,并且为异地搬迁扶贫、贫困地区基础设施、特色产业发展及专项减贫提供贷款,信贷产品能够涵盖农业生产环节、农产品的主要收购环节、农村基础设施建设环节以及扶贫领域;农村信用社作为农村金融的主体,在农村地区营业网点最多,存、贷款金额高,贷款产品主要包括农信保小额贷款,例如,广大农户、种养殖大户、农民合作社、产业化带头人以及

农村个体工商户。有个人消费贷款、个人经营贷款、固定资产贷款、流动资产贷款、项目融资贷款、扶贫贷款、创业贷款等,分为一次性贷款、循环贷款,操作简便,能够满足农村地区的贷款需求;农业银行向农民提供"三农"的惠农 e 贷、金穗惠农卡、农村城镇化贷款、农民小微贷款、个人农业生产经营贷款、季节性收购贷款等;邮储银行提供的信贷产品有针对农民的小额贷款、有针对"三农"的极速贷、有针对农业合作社的贷款、有针对专业大户、家庭农场的贷款、针对农业产业链发展的贷款、再就业小额担保贷款、土地经营承包权贷款,农民从生活到生产的每个环节都有金融机构提供的信贷产品来满足各种信贷要求。

2. 担保贷款形式增加,保障农村信贷安全

近年来,各类与农业有关的金融机构都大胆探索了创新型担保方式,并扩大了担保范围,以期满足农民的融资需求。在贷款质押方式上,为生产加工类企业提供了诸如订单、仓单、应收账款等质押贷款形式;在贷款抵押方式上,开办了诸如土地承包经营权、大型农机具、农副产品、林权、商铺、草场等抵押贷款;针对商贸型企业提供本票、汇票、债券质押贷款服务;通过提供可转让商标专用权、无形资产、专利权等作为担保的权利质押贷款,为涉农的名企提供贷款支持;在贷款保证方式上,提供联保贷款、信用共同体贷款、农机具生产厂家保证贷款、"公司+专业合作社+农户贷款"等多种保证贷款。金融机构提供的多种抵押担保方式,能够满足农户的小额贷款需求,并且将贷款风险转移出去。虽然通过抵押、质押等方式,"三农"经济发展获得了资金支持,但是由于农村地区经济发展不均衡,农户的财产状况和信用状况差异较大,这些质押品和抵押物极易受到诸如市场价格波动、自然风险等客观因素的影响,再加上配套的政策措施比较延后,最终导致担保贷款范围受到限制。其次关于信用村、信用企业、信用户的评定面过窄,不能获得较高授信额度,最终导致龙头企业和种养大户资金需求不能得到满足,制约了农村经济发展。

3. 农村金融服务水平提高,但服务主体单一

首先,与农业有关的所有类型的金融机构,不仅着眼于金融产品种类的开发,而且着眼于提高服务质量。一方面,加强农业发展金融服务建设,各个涉农金融机构积极践行党中央支持"三农"的方针政策,推出小额农贷专柜,健全客户服务制度,创建信贷服务中心;另一方面,对于贷款金额,针对不同资信、不同用途等,可以选择不同额度的贷款,有小额、高额贷款;其次,贷款期限可选择性,针对生产周期、贷款用途等,可以选择只使用一次的贷款,也可以选择能够循环利用的贷款,期限从几个月到几年不等;再次,利率执行风险定价政策,依据客户信用等级、风险程度、担保形式、授信额度等来确定差别费率;最后,提高贷款审核效率,做到快审快放,为客户提供贷款绿色通道。

虽然农村金融服务产品不断增多、服务水平不断提高,但是由于农村金融自身的复杂性,使得农村金融发展在某些地区仍然受到阻碍。尽管农村信用合作社、农业银行、农业发展银行和邮政储蓄银行等其他金融机构向农村地区提供多种金融产品和金融服务,但随着农村地区商业银行的撤出,提供金融服务的主体在农村地区越来越单一,无法满足农村地区经济发展要求。农村地区金融产品和金融服务需求大,而实际上农村地区金融网点很少,金融服务、产品和科技推广缓慢,无法适应农业现代化、产业化和高效率的发展步伐以及自助式的服务需求。

(二)农产品期货

1. 农产品期货概述

我国是农业大国,河北省是农业大省,农业是影响国民经济命脉和人民基本生活的基础产业。"农业、农村和农民"问题一向是国家关注的核心问题。农业作为河北省的基础产业,由于其本身特有的弱质性,对自然灾害的抵抗力较低,极有可能遭受巨大风险,属于高风险产业。目前,河北省农村地区的农民大多采用自己承担风险的方式,而不是借助外界方

法规避风险,这样造成的后果是农民会因自然灾害、疾病、意外事故、病疫和价格波动等,遭受严重的经济损失。农产品期货市场的形成补充和完善了河北省农产品现货市场的不足。农民可以利用农产品期货市场来避免价格波动造成的经济损失,并保护自己的经济利益不受损害,充分发挥农产品期货的价格发现和套期保值作用,同时也能够促进农业的产业化和现代化的进步与发展。

农产品期货是关于农产品的契约合同,是指买卖双方之间事先约定在未来的某个时间以确定好的价格交付特定数目的某些农产品。农产品期货能够为买卖双方的利益提供保障,不会因为价格的上下波动而给双方带来经济损失。农产品期货对于双方的权利义务有明确的规定,规定了交易的日期、交易的价格、交易的品种、交易的数量以及交易的地点等。目前,我国开展的农产物期货种类,见表3-7。

表3-7　我国农产品期货上市品种

农产品期货种类	上市期货品种
粮食期货	小麦、玉米、大豆、红豆、大米、花生仁等
经济作物类期货	原糖、棕榈油、菜籽等
畜产品期货	肉类制品、皮毛制品
林产品期货	天然橡胶期货、木材期货

截至2018年10月,河北省辖下有43家期货经营机构,包括总部在河北省的一家期货经纪公司和一家设立分公司的期货经纪公司,营业部35家,经营范围都涉及农产品期货。

2. 河北省农户参与农产品期货市场的模式

目前,河北省农民和农业企业尚不具有直接参与期货市场的专业技能和先天条件,但可以通过参加“保险+期货”的经营模式来订购保险公司的农产品价格保险。2016年和2017年,中央一号文件连续两年提出了要定期推广“保险+期货”实验项目的试点工作。河北省可以充分利用国家财政补贴和税收优惠政策,实施"农户+企业+保险+期货"的模式。

"农户+企业+保险+期货"运作模式,是保险公司以期货市场上相应的农产品期货价格作为基础,提供相应的农产品价格保险;农民或农业企业确保收益的方式就是购买保险公司提供的农产品价格险;保险公司通过再保险方式对冲农产品价格下降带来的风险,再保险方式是购买期货公司风险管理子公司或者证券公司的场外看跌期权产品;期货公司风险管理子公司或证券公司在期货交易所为了进一步分散风险而进行相应的复制看跌期权操作,最终形成风险分散、各方受益的闭环。

"农户+企业+保险+期货"模式。首先,可以将风险进行分散,承担价格风险,并将其委托给熟悉期货市场的期货公司,由期货公司负责对保险公司理赔,再由保险公司为农民理赔,这样保险公司将同期货公司一起承担风险;其次,资金来源多种多样,该模式的部分资金来自政府财政拨款,一部分来源于期货交易所补贴,一部分则来源于农户自身,农户投保压力小,提高其投保积极性;最后,产品种类多样化,该模式所针对的投保品种都是期货市场现有的品种,包括农产品期货(如大枣、鸡蛋、大豆、玉米)、金属(如铜)和化工产品(如塑料、橡胶),可投保的品种有三十多个,增加了保险的业务拓展范围。

3. 扶贫贴息贷款

扶贫贴息贷款指的是金融机构为贫困人口提供贷款,由政府对利息进行一定的补贴,以改善贫困地区的生产和生活条件,进而提高其生活水平和经济发展水平。

为了更好地利用扶贫贷款政策,国务院扶贫开发领导小组(以下简称国务院扶贫办)联合财政部、中国人民银行和银监部门,在2008年发出《关于全面改革扶贫贴息贷款管理体制的通知》。扶贫贴息贷款的改革思路是:政府作引导、市场化运作;将管理的权限下放,并且将竞争机制引入进来;补贴方式灵活化,将贴息水平稳定下来;对风险防范和激励约束机制进行探索与建立。扶贫贴息贷款制度改革后,中央将扶贫贴息贷款的管理权和贴息的资金下放到各省,并且对到户贷款的管理权利和贴息的资金直接下放到各县;将发放贷款的主体确定为愿意承担扶贫贴息贷款的银行业金融机构;贴息期限规定为一年,并且由中央财政进行补贴,到户贷款按照年利率5%,项目贷款按年利率3%进行贴息。

为提高扶贫贴息贷款管理水平,河北省于2016年发布了《河北省扶贫贷款贴息资金管理办法(试行)》,规定扶贫贷款的利息补贴资金包括"到户贷款"和"项目贷款"贴息。实施范围覆盖全省65个贫困县,具体规定有:"到户贷款"贴息期限不超过3年(含3年),"项目贷款"贴息期限不超过2年;"到户贷款"最高不超过50000元,农业专业合作社"项目贷款"最高额度不超过100万元,龙头企业扶贫"项目贷款"不能超过300万元。

三、农村金融基础建设情况

农村信用系统和农村支付系统的设立,是农村金融体制建设的核心部分,是对"三农"经济发展提供支持的重要基础性工作。由于农村金融本身具有复杂性,农村金融体系的不完善,农民与金融机构之间存在信息不对称,都阻碍了农村金融的发展,所以迫切需要建立健全的农村信用体系。改进农村信用体系,提高农村经济主体的信用,可以使农村金融生态环境得到优化,鼓励经济机构加强对"三农"的支持,消除金融机构对农民和农业企业存在的贷款疑虑。使得双方信息更加透明化,进而提高金融机构支农业务工作效率与持续性开展。

(一)农村信用体系建设

1. 农村信用体系建设的必要性

(1)农村信用体系建设有助于金融机构业务的开展

农业生产以及农业经济的进步,在很大程度上依赖于政府的财政支持和金融机构的资金支持。但是,目前农村地区的贷款违约率比较高,通常有无法收回贷款的情况,再加上农业生产本身所面临的高自然风险和市场风险,使得农村金融机构的贷款质量相对较低,使金融机构对"三农"经济的支持力度受到影响。农村信用体系的建设,一方面,有助于农村形成良好的信用氛围,提升农民信用意识,转变农民依赖政府扶持的观念,形成良好的信贷环境;另一方面,建立农村信用信息平台,使得农户和金融机构信息更加透明,消除金融机构在贷款信用方面对农户存在的疑虑。鼓励金融机构对"三农"的支持,进一步推进金融机构在农村地区业务的开展。

(2)农村信用体系建设有助于建立金融支农长效机制

农村信用体系建设的核心是将信用转化为资本,建设信用资源共享平台,能够降低农户与金融机构之间存在的信息不对称、信息不透明的问题,能够帮助金融机构识别信用风险,使农户获得贷款,增强农村地区的信用意识,改善农村的金融环境。强有力的信贷体系可以吸引更多的金融机构到农村地区,提供金融产品和服务,并形成长期高效的金融支持农业发展的机制;鼓励金融机构为农民、农业企业和农业生产专业合作社提供资金支持;促进政策性金融机构利用自身优势,加强对农村地区基础设施、特色产业发展、扶贫建设等项目的信贷支持,促进农村地区经济发展。

(3)农村信用体系建设有助于改善农村金融生态环境

狭义的农村金融生态环境是指在微观层面形成的社会诚信状况、法律制度规范、行政管理机制、中介服务体系等;而广义的农村金融生态环境是指为金融运行提供基础条件的外部环境,并且能与金融主体相互影响和相互作用。农村社会信用现状的改善依赖于农村信用体系的发展建设。农村地区长期以来的信用发展现状是借款人信用意识较差,主动还款意识较低,其认为政府补贴、金融机构贷款可以用来个人消费,不用偿还,道德风险和信用风险较高,影响金融机构对农村地区的信贷支持。因此,建立完善的农村信用体系,对农村地区的借贷行为用法律与制度进行强制规范,对农村地区形成良好的金融生态环境起到了促进作用。

2. 河北省农村信用体系的建设现状

(1)建立农户信用档案

为了响应中国人民银行石家庄中心支行于2001年发出的《河北省农村信用社推广农户小额信用贷款创建信用村(镇)工作实施方案》,大规模的农民信用档案的建档工作相继在全省范围内开展。2009年7月,中国人民银行石家庄中心支行下达了具体实施意见,推进河北省农村信用系统的建设,进一步加快农户信用系统电子化进程,并尽快完成全省在线联网查询工作。截至2011年6月,全省154个县镇的2890家农村金融机构创建了农民信用档案,已建立信用档案11710200户,占农民总数的85.59%。

(2)建立企业和个人信用信息数据库(征信系统)

为了落实中国人民银行总行在县域设立农户信息数据库的要求,中国人民银行石家庄中心支行与北京安宁盈科软件系统技术有限公司合作开发了河北省农户信用信息管理系统,该系统于2016年3月投入使用,并选取邢台市威县和沧州市肃宁县作为试点县。经过7个月的试验运行,全省11个地市的15个县(市)正式启动了农户系统,收集了86967户家庭信息,农民贷款额度达77.4亿元。"信息+网络"服务平台遍布各地,建立了"服务政府、协助银行、造福农民、展示人行"的农村信用体系。

该系统基于B/S架构,以JSP及JAVA为开发和应用环境的技术路径,集成了信息模块、农户在线查询、农户信息维护、批量信息查询、统计服务、信用模块和系统管理等8个功能。收集24项农户信用信息,使用数据模型批处理报告或直接在页面上报送数据,为农户信用评估设置科学的评价体系,并将河北省农户信用报告供金融组织和政府部门使用。所有地区均可随当地实际发展情况调整系统采集指标、评价指标,除通过信用评分和信用报告了解农户信用状况外,还可通过统计分析功能直观、全面了解县域农村信用体系建设情况;农户系统布设在互联网上,域内各机构作为用户登录网址使用系统各项功能;农户系统进行了加密设置和信息校验设置,满足了系统在互联网上 7×24 小时不间断运行的安全需要,能够为政府部门、金融组织和农户个人提供更加方便的信用信息共享系统。

(3)建立农户信用评价体系

金融机构的贷款业务审核主要是基于农民的信用水平和还款能力,而信用水平的高低不能仅仅依靠农户信用信息管理系统,还需要形成农户信用评价体系。目前,河北省已经开启由中国人民银行作为引导者,河北省农村信用社作为实施主体的农户信息采集与农户信用评价系统的建设工作,进一步推动建设"信用户、信用村、信用乡(镇)"。

截至 2016 年 9 月底,河北省农联社所有网点均已设立了农民信用档案,存储了 1228 万份信用档案,占管辖内农户总和的 85%;全省有 469 万户信用户 7852 个信用村和 566 个信用乡镇;依托已建立的信用档案,为 272 万农民提供了信贷支持,贷款总额 2029 亿元,贷款余额 768 亿元。落实所有农民信用档案的电子化,为农户信用信息共享和应用奠定了基础。

(二)农村支付体系建设

1. 支付清算行业的发展特征

(1)支付系统

当前已经运行的金融支付系统包括央行的支付系统、银行卡的跨行支付系统、银行业金融机构的行内支付系统、城市商业银行清算业务系统、农信银支付清算系统、人民币跨境支付系业务、网联平台等。2018年,全国支付系统处理支付业务共计 2157.23 亿笔,金额 6142.97 亿元人民币。农信银资金清算中心是经中国人民银行批准,由 30 家省级农村信用合作社、农村商业银行、农村合作银行和深圳农村商业银行共同建立的全国性股份制金融服务公司。农信银中心结合农村地区发展的实际情况,开发适于农村金融发展的资金清算系统,通过先进技术切实提高农村地区支付结算水平为农业、农村金融和农民供应快速便捷的金融服务,对有效促进社会主义新农村的建设发挥了积极的作用。

（2）发展特征

互联网金融的发展以及农村区域经济的成长,促使支付方式多元化,并且出现支付场景化特征。例如,支付宝、微信支付等最初发展仅仅是为自己平台设置钱包账户体系,但是目前已经涉及购物支付、生活支付、游戏充值、购买理财产品、第三平台充值等多种支付场景。付款路径包括二维码付款、条形码付款和远程网络付款等。像"发红包""转账"等就是典型的支付场景,表现为互联网的场景化发展。同时,移动端支付发展也是支付清算行业的发展特征,手机的使用对人们生活和工作的方方面面都产生了影响,相比 PC 端支付,手机端支付便捷、快速、时效性高。

2. 河北省农村金融支付体系建设现状

（1）传统支付渠道业务下降,第三方支付渠道需求旺盛

随着互联网金融的发展,金融机构服务体验的升级改造,使得农户对传统支付渠道需求下降,第三方支付需求提高。根据农信银资产清算中心 2018 年农村支付服务发展总体情况显示,非银行支付方式的移动支付服务发展迅速,已成为在线支付的主导方式。2018 年,非银行支付机构向农业区域贡献在线支付服务 2898.02 亿笔,金额 769900 亿元。分别较 2017 年增长 104.4%、71.11%。其中,互联网支付 149.18 亿笔、金额 25700 亿元,分别较 2017 年增长 21.56%,22.57%;手机移动支付 2748.83 亿笔、金额 744200 亿元,分别较 2017 年增长 112.25%、73.48%,占网络支付份额分别为 94.85%、96.66%。新兴支付工具已经在逐渐取代传统支付工具,第三方支付机构的业务量在逐渐提高。

（2）支付业务移动端发展超过 PC 端

农村经济的发展使得电子商务、现代金融理财、物流配送、网络消费等在农村地区得到了发展,通过 PC 端支付核算已经不能满足农村区域的居民消费需求,支付方式简单化、便利化在农村区域得到了大大发展,

支付业务移动端也大大超过了 PC 端。河北省农村信用社 2019 年工作报告显示,2018 年底,河北省全省的农信社发展移动金融客户 1853 万户,比年初净增 1168 万户。实现"云闪付"绑卡 332 万户。其中,手机网上银行客户签约 777 万户,网上支付签约客户 949 万户,聚合扫码客户 127 万户①。

河北省农村信用社推出的"农信 e 贷"能够为商户提供线上线下一体化的收单平台服务,将扫码在线支付、POS 机设备和线上商店交易进行整合,为商户线上销售提供支付服务。邮政银行河北省分行营造的"购物不出村、销售不出村、生活不出村、金融不出村、创业不出村"的便捷模式就是以邮政银行农村电子商务平台作为依托,推动了农村电商与邮政金融服务的有机结合。

(3)新型支付业务和支付工具在农村地区推广

随着互联网金融与电子商务的快速发展,农村地区消费观念与支付服务需求转变,使得新型支付方式能够在农村地区推广。近年来,阿里巴巴、京东、苏宁等电子商务公司逐渐进入农村地区,使得农村居民能够跟城市居民拥有同等消费权利。根据阿里研究院发布的《2018 年中国淘宝村研究报告》,2018 年我国共有 3202 个淘宝村,分布在全国 330 多个县区,覆盖 2 亿人口。目前,大多数电子商务公司都有自己的支付系统,比较有代表性的是京东的网银在线支付系统和阿里的支付宝系统。这些第三方支付手段已经逐渐占据了农村市场。

由于一些农村的地理位置比较偏僻,所以没有被金融机构和营业网点所覆盖,在这些地区可以设立金融服务便民点,提供移动业务服务、POS 机服务等,并且为农民提供非常便利的金融服务,如日常的转账汇款、现金的支取、代缴生活费用支出等。

---

① 数据来源:河北省农村信用社 2019 年工作报告。

四、农村合作经济金融扶持政策

（一）国家金融政策

1. 涉农机构实行差别化存款准备金率政策

为了提高金融机构支农、支小的积极性,央行对涉农金融机构及农村地区金融机构实行差别化的存款准备金率政策,进一步强化了存款准备金率在支持"三农"和小微企业方面的重要作用。自 2014 年以来,人民银行多次针对涉农金融机构及农村地区金融机构实施降准政策。从 2014 年 6 月 16 日开始,规定对满足审慎经营要求并且"三农"和相关小微企业贷款达到相应比例的商业银行(其中不包含 2014 年 4 月 25 日即下调过准备金率的所有机构)可以将人民币存款准备金率下调 0.5 个百分点。"三农"贷款指标和相关小微企业贷款达到一定比例指的是:上个年度新增加的涉农贷款同新增的全部贷款相比,比例超过 50%,并且上年度末涉及农业的贷款余额同全部贷款的余额相比,比例在 30% 以上;换言之,上个年度新增的小微贷款与全部新增贷款相比,比例在 50% 以上,且上个年度末小微贷款余额量与全部贷款余额量相比,比例在 30% 以上。按照这个标准,这次定向的降准政策能够覆盖大约 2/3 的城商银行、近 80% 的非县域农商银行和近 90% 的非县域农合银行。

从 2015 年 2 月 5 日开始,下调相应金融机构人民币存款准备金利率达 0.5 个百分点。对于小微企业贷款数量达到定向降准要求的城市商业银行、非县域的农村商业银行在此之外降低人民币存款准备金率达到 0.5 个百分点,对于政策性的农业发展银行额外再降低人民币存款准备金率 4 个百分点,目的是进一步提高金融机构对结构调整支持的能力,同时增大对小微企业、"三农"政策以及重大水利工程建设的支持力度。

央行从 2019 年 5 月 15 日开始,对于服务县域发展的农商行在人民币存款准备金率方面再给予下降 1 个百分点的政策；从 2019 年 6 月 17 日开始，对服务于县域发展的农商行在人民币存款准备金率方面再次下调 1 个百分点；从 2019 年 7 月 15 日开始，对于服务县域经济发展的农商行给予下调基础档人民币存款准备金率至 8%。

2. 加大支农再贷款力度

农村地区实现经济的快速发展离不开金融机构在贷款方面给予的支持，为了鼓励金融机构加大对"三农"经济的贷款力度，早在 2014 年国务院办公厅就出台了《关于金融服务"三农"发展的若干意见》(国办发〔2014〕17 号)等文件，文件中提出相关金融机构应进一步加大对涉农资金的投放力度，广泛开拓资金的来源渠道，深化关于支农再贷款投放机制的改革，对农村商业银行、农村合作银行、村镇银行提供支小再贷款，用于进一步支持"三农"和农村地区小微企业的壮大成长。央行积极按照 2014 年国务院办公厅出台的《关于金融服务"三农"发展的若干意见》，借支农再贷款的优惠政策，循序渐进地调整和改革支农再贷款管理制度，进一步引导和支持金融机构加大对"三农"贷款的投放比例与数量，不断降低"三农"经济发展融资的成本。一方面，不断提高支农再贷款金额数量。从数据分析看，央行在 2018 年增加了 1500 亿元的支小支农再贷款和再贴现额度，用来支持小微企业和"三农"经济的蓬勃发展，不断降低贷款的成本；另一方面，不断调整对支农再贷款的条件和利率。据中国人民银行在 2014 年出台的《关于开办支小再贷款　支持扩大小微企业信贷投放的通知》(银发〔2014〕90 号)规定，不断调整基层银行再贷款发放条件，规定要求金融机构借用再贷款金额全部要用于支小支农，对于小微企业和涉农贷款增量规定必须要高于借用再贷款额度的 1.5 倍。

3. 建立政策性农业信贷担保体系

农村信贷体系的不完善，影响金融机构针对"三农"经济发放贷款的积极性，建立政策性农业信贷担保体系，能够对贷款方产生约束力，也能够为金融机构提供贷款安全性保障。进而能够引导金融资金流向农村地区,其目的在于解决农村地区广泛存在的融资难的问题。2015 年,财政部、农业部、银监会联合发布了《关于财政支持建立农业信贷担保体系的指导意见》(财农〔2015〕121 号),把以建立健全省(自治区、直辖市、计划单列市,以下简称省)级农业信贷担保体系作为重点,计划将建成的农业信贷担保网络体系覆盖到主要的农业大县和粮食主产区,进一步推动覆盖全国的政策性农业信贷担保体系的形成,建成时间限制在 2 年内。并且要求中央与地方共同支持建设,严格遵循"地方先行、中央支持、专注农业、市场运作、银担共赢"的原则。

(二)国家财政政策

1. 对农村金融机构给予定向费用补贴

长期以来,我国金融机构都存在对农村地区提供的金融服务不足、贷款成本较高等问题,造成财务压力大,业务发展缓慢。鼓励农村金融机构开展业务、提高投放贷款的积极性成为迫切任务,自 2009 年开始,我国财政部不断增加农村金融机构的定向费用补贴量,引导资金更多的流向"三农"。2014 年 3 月 11 日,财政部增发《农村金融机构定向费用补贴资金管理办法》(财金〔2014〕12 号)(以下简称《办法》),对农村金融机构定向费用补贴的条件以及补贴标准、补贴资金的管理与申请等进行了严格的规范,能够进一步发挥金融机构对"三农"经济发展的积极作用。

上述《办法》对补贴标准以及条件进行详尽了规范,提出符合以下条件:①当年贷款平均余额与上年同期相比有所增长;②村镇银行年均的存款与贷款比例要高于 50%(含);③当年涉农贷款和小微企业贷款平均余额占全部贷款平均余额的比例高于 70%(含);④财政部门规定的其他条件。满足以上四点的新型农村金融机构,可以享受按其当年贷款平均余额的 2% 给予补贴。对于基础金融服务非常薄弱的西部地区的银行业金融机构(网点),财政部门按照这些金融机构当年贷款平均余额的 2% 给予补贴。中央财政和地方财政分别承担一定比例的补贴责任,西部地区、东部地区、中部地区的中央与地方的分担的比例分别是9∶1,7∶3,8∶2。对享受补贴期限的规定,东部地区、中部地区、西部地区分别为在该机构开业当年(含)起的3、4、5年内。农村金融机构于开业次年享受补贴待遇的情况是该金融机构开业时间在当年的6月30日以后。

2. 农业保险保费补贴力度逐渐增强

农业生产面临自然风险、产业风险、资金匮乏等一系列问题,加之自身对抵御自然灾害的能力较弱,加剧农户遭受经济损失的可能性。财政部在2007年印发了《中央财政农业保险保费补贴试点管理办法》,开始农业保险补贴试点工作,最初选取吉林省、内蒙古自治区、新疆维吾尔自治区、湖南省、江苏省和四川省作为第一批试点地区。对玉米、大豆、小麦、棉花和水稻五个种植业的品种进行保险保费补贴。在财政方面,中央、省级分别提供财政补贴达25%。为了更好地完成中央财政对农业保险保费补贴工作,进而提升财政补贴的使用效率,2017年出台实施新的《中央财政农业保险保险费补贴管理办法》。目前将农作物补贴品种由5种扩大到21种,补贴范围扩大到全国所有省份,补贴比例不断提高,中央、省级、地方财政补贴80%,农户、农业生产经营机构自负20%。截至2018年末,中央财政对保费补贴资金累计拨付达1316多亿元,其中2018年财政最高一次拨付达199.34亿元。

3. 逐渐完善税收优惠政策

涉农贷款一般面临不能按期收回的风险,并且放贷成本高,金融机构会有亏损的顾虑,打击了涉农机构放贷的积极性,为此,财政部进一步出台了关于农村金融机构和涉农金融机构的税收优惠政策。财政部在2014年、2017年均出台了《关于延续并完善支持农村金融发展有关税收政策的通知》,有效期间分别对应为从2014年1月1日起到2016年12月31日止,从2017年1月1日起到2019年12与31日止,免征营业税的项目是金融机构为农户提供小额贷款产生的利息收入;关于计算应纳税所得额时,金融机构对农户提供的小额贷款所产生的利息收入,按照

90%计入其收入总额；同时保险公司在开展关于种植业、养殖业保险而获取的保费收入，也按照90%计入其收入总额。

2015年出台的《关于中国农业银行三农金融事业部涉农贷款营业税优惠政策的通知》（财税〔2015〕67号）规定，从2015年5月1日起到2015年12月31日止，对中国农业银行纳入"三农金融事业部"改革试点的各省、自治区、直辖市、计划单列市分行下辖的县域支行和新疆生产建设兵团分行下辖的县域支行，对关于为农户、农村企业和农村各类组织提供贷款而获得的利息收入，提供减按3%的税率征收营业税的优惠政策。

（三）地方扶持政策

河北省人民政府于2016年6月25日发布的河北省普惠金融发展实施方案提出，针对"三农"经济发展需要不断提高河北省金融服务能力。

1. 涉农贷款抵质押方式需要不断创新

支持各地在保证确权登记并且颁证的基础上，把农村土地承包经营权利、农村集体建设用地使用权利、海域的使用权利、林权等都列入抵、质押品的登记范围内。致力于探索以集体资产股份作为抵押担保物的贷款办法。对农业机械设备抵押贷款、订单农业贷款和农副产品仓单质押贷款等进行积极推广。对于具有现金价值的寿险保单和出口信用保单可以纳入质押范围，并且将涉农保险投保情况作为授信要素，拓宽涉农保险保单质押的范围。

2. 农村金融供给产品不断创新

政府支持金融机构创新涉农金融产品，包括对支持农业科技研发、农业"走出去"和农产品国际贸易等金融产品的创新。对于农户信贷模式，采取"一次性核定、何时用何时贷款、严格控制余额、周转使用贷款资金、整体进行动态调整"的模式，对贷款的额度、放款的进度以及何时回收贷款，需要合理和严格的确定。在农村地区积极开展微贷技术的应用。以农业龙头企业为依托，积极推进产业链融资模式的应用。对专营机构、信贷工厂等服务模式进行创新和推广。鼓励金融机构为"三农"经济发展借助互联网提供多种类金融产品与服务。为循环农业、节水农业和生态友好型农业提供绿色金融服务。

3. 鼓励涉农企业利用资本市场融资

涉农企业可以通过在境内外多层次资本市场挂牌上市的方式获得融资。为了增强农产品定价能力,充分运用风险规避功能和稳定农业生产,允许并鼓励大型的涉农企业开展期权和期货交易。支持建立关于农业经济发展的各项基金,包括农业科技创业投资基金、农业产业投资基金和农业私募股权投资基金。鼓励并支持涉农企业发行中小企业私募债券,将涉农中小企业纳入区域集优债和集合债、集合票据发行企业名单。鼓励地方法人银行机构发行专门用于"三农"的金融债。涉农企业可以通过承包土地收益权、水域滩涂养殖权等方式开展资产证券化来获取融资。

4. 创新发展政策性涉农保险业务

针对农业产业的弱质性及高风险性,需要不断扩大农业保险的覆盖范围,加强农业保险管理机制建设,增加农业保险服务网点的数量。需要重视对农作物保险的发展,包括对农畜产品保险、森林保险、农房、农机具设施农业保险等业务的推广。鼓励各地根据农业产业化特点,积极发展果品、水产、食用菌、中药材等具有地方特色的保险项目。加强对新型涉农保险的开展,包括天气指数保险、农产品目标价格保险、农村小额人身保险、自然灾害公众责任险等险种的发展。发挥政策性农业保险的风险转移功能和巨灾分散功能,建立完善的政策性农业保险体系。

第四章　河北省农村金融发展
存在的问题及原因

一、农村金融需求存在的问题

（一）农村金融需求的产生及河北省农村金融需求现状

从人类文明产生以来,农业经营便具有周期长、风险大的特点。这就决定了在农业领域当中资金周转慢,且使用风险高。正因为如此,农业就成了既渴望金融业扶持,又天生排斥金融业进入的领域。资金周转慢客观上需要金融业给予相应的资金支持,而经营风险高又使得金融对农业望而却步。就我国的具体情况来看,新中国建立后,进行了土地改革,作为农业主要生产资料的土地归集体所有。在改革开放前,农村土地的所有权和经营权是一致的,都归村集体。特别是在人民公社时期,由国家统一安排农业生产,划拨生产资料,因此,我国农村并没有显著的金融需求,最多是居民之间的消费借贷。改革开放之后,农业经营实行家庭承包制,土地的所有权和经营权相分离,新产生的市场主体农户必然产生新的金融需求。与此同时,各类乡镇集体企业的建立和农村地区先富起来的一部分人开办的私企,以及招商引资而来的各类所有制的企业也在农村如雨后春笋般蓬勃兴起,这也产生了大量的金融需求。金融需求在我国农村地区的产生和发展从根本上活跃了农村金融市场,推动了农村金融的发展。具体来看,农村金融的需求可以分为两个方面:一方面是农户的金融需求;另一方面是涉农企业的金融需求。这是从农村金融需求主体方面进行的划分。由于农村金融的需求主体不同,其产生的金融需求也不尽相同。

首先,从农户方面来看,农户不同于城镇家庭,因为城镇家庭一般都是消费主体,而非生产主体,其对金融的需求除了储蓄、理财之外,往往仅表现在购房、购车或购物等消费金融领域,而农户则不同。农户除了是消费主体外,还是我国农村的基本生产单位,并且是生产主体,因此,其对金融的需求除了储蓄和消费金融之外,还有生产领域当中的融资需求。这是农户金融需求的复杂性。另外,由于经济发展的不平衡性,导致不同地区甚至同一地区不同农户之间的收入差距很大,再加之客观因素的影响和自然环境条件的制约,不同农户的经营生产规模也不同。这就使得其对金融的需求也具有差异。如一些贫困农户,其收入主要来源于农产品出售,资本性收入较少。其收入主要用于家庭生活而非扩大再生产,其可用于储蓄的资金也较少,自身形成投资能力较弱,同时也很难得到外部资金的帮助与支持。这类农户金融需求意愿较大但获取金融服务的能力不强。再如,另一类维持型的农户,他们具有一定的积蓄,能够满足自身循环再生产的需要,但是对扩大再生产兴趣不大,并没有真正融入市场大潮当中,保持小富即安的心态,这一类农户产生的金融需求不大。还有一类是市场型农户,他们经营状况良好,且在市场经营中不断获利,真正尝到了参与市场竞争的"甜头",渴望扩大再生产。这类农户往往对金融服务既有着旺盛的需求,也有使自身满足这种金融需求的能力。总的来看,农户的金融需求具有以下特点。

一是其存款需求现已基本得到满足,由于中国传统文化与生活习惯等因素的影响,我国居民无论是在农村还是城镇都非常注重储蓄,因此,储蓄在农村金融需求中居于首要地位。当前,中国金融业持续发展,特别是国家对农村金融发展高度重视,采取各项政策刺激、鼓励农村金融发展,各类金融机构已遍布乡村地区,农村居民的储蓄金融需求已基本得到满足。以河北省为例,截至 2016 年末,河北省的农村商业银行、农村合作银行、信用社等小型农村金融机构网点已达 4881 家,村镇银行等新型农村金融机构已达 209 家,[①]与此同时,河北省共有乡镇 1952 个,平均每个乡镇拥有 2.61 个金融机构网点,这已具备了满足农村居民存款需求的基本条件。

二是农业收入的不确定性决定了金融需求的多样性和多变性。农业投资具有长期性,且受自然因素制约较大,这就导致了农业收入具有不确定性。风调雨顺,市场景气,农业产量高,农民收入就高;自然灾害严重,农产量则会受到直接影响,进而间接影响了农村居民收入;有时即使农业产量高,但市场不景气,农产品价格大幅下降也会降低农村居民收入。这也就导致了农村金融需求具有多样性和多变性的特点。例如,有些农户需要短期贷款,有些则需要长期贷款;有的年份农村金融需求量大,有些年份则需求量小。

三是农户的消费信贷需求满足程度较低。随着经济的增长和社会的发展,我国农户收入也在不断提高。作为消费主体的农户也产生了大量的汽车、手机、家电、农机具等消费需求。加之近年来,国家相继出台了"汽车下乡""家电下乡"等拉动农户需求的政策,农户的消费需求更加旺盛。但是,由于农户收入的有限性,有时这些消费需求在短期内难以通过其自身的消费能力和投资能力得到满足,这就使得农户对消费信贷的需求陡然增加。而与此同时,由于缺乏有效的抵押物等原因,银行等金融机构对开展农户消费信贷的积极性不高,这就使得大量农户的消费信贷需求难以得到满足。

从涉农企业的角度来看,所谓涉农企业主要包括农业产业化过程中产生的一些和农业生产有关的龙头企业以及中小型企业。它们大多设在农村,即使有个别设在县城或城市,也都与农业生产相关。与农户相比,

---

① 2017 中国区域金融运行报告:河北金融运行情况解读,见 http://www.askci.com/news/finance/20170809/093124104945.html。

涉农企业的金融需求相对简单,因为涉农企业主要是生产主体,所以其金融需求也主要是生产性的需求。具体来看,涉农企业的金融需求具有以下特点。

一是金融需求的规模较为零散。与其他工商业企业相比,涉农企业具有特殊性。其金融需求较为频繁,但单项业务的需求量较小,因此,其金融需求规模较为零散。以贷款为例,涉农企业的贷款频率往往多于大型工商业企业,但单次贷款的数量却较少。

二是涉农企业的金融需求具有不稳定性。一般工商企业每年进行投资生产的规模可以提前预测,因此其金融需求具有稳定性。而涉农企业由于农业生产所具有的风险性导致其金融需求具有不稳定性,有的年份农产品产量高,可能需要更大规模的金融服务,而有的年份农产品产量低则可能只需要少量的金融服务。所以,涉农企业的金融需求具有不稳定性,会随着农业生产的波动而波动。

三是涉农企业的金融需求具有季节性和周期性。与一般工商企业相比,涉农企业的金融需求具有季节性和周期性,这是由农业生产的季节性和周期性所决定的。农业生产具有季节性,不同季节所从事的生产项目不同,相应的农业企业对金融服务的需求也具有季节性,不同季节对金融服务的需求也不同。农业生产必须要符合农作物的生长周期,因此,涉农企业的金融需求往往也和农作物的生长周期有关。例如,罐头生产企业往往是在做罐头所需的水果收获后才会产生大量的金融需求以满足生产投资需要。

就河北省的具体情况来看,河北省是农业大省,2016年乡村人口数达到5746.6万人,有农户1590.5万户,农业龙头企业2212个,农业产业化经营总量7479.2亿元,农业产业化经营率66.7%,农、林、牧、渔业总产值6083.86亿元。① 由此可见,河北省规模庞大的经营农户数量、农业龙

---

① 2017年《河北经济年鉴》。

头企业数量以及农业产业化经营规模都会产生大量的农村金融需求。从金融机构和涉农贷款经营机构在河北省的经营情况来看,截至 2017 年 6 月底,河北省农村信用社(含农商行、农合行)存款余额 12098.5 亿元,贷款余额 7648.3 亿元;[①]村镇银行存款余额 295.1 亿元,贷款余额 205.6 亿元;[②]2017 年河北省 437 家小额贷款公司实收资本 247.74 亿元,发放贷款约 245.60 亿元。[③] 根据丁志国,张洋,高启然(2014)用贷款余额加存款余额来估计农村金融规模的经验,可以看出 2017 年河北省农村金融规模大致达到 20740.84 亿元,这正是对河北省农村金融需求的现实佐证。随着京津冀区域协同发展成为国家的重大发展战略以及雄安新区建设的不断深入推进,河北省农村金融需求也必然呈现出新特点和发展趋势。

(二)新时期河北省农村金融需求的特点

1. 市场型农户的金融需求不断增长

随着农业产业化的发展和农村居民收入水平的不断提高,"市场型农户"大量涌现。他们往往收入水平较高,有较大的投资扩大再生产的需求。因此,其投资规模不断扩大,逐步用资本取代劳动成为其投资的主要内容,甚至还有些"市场型农户"会逐步从农户向涉农企业过渡。这就使得"市场型农户"对投资的依赖程度有所提高,其自身的资金再也无法满足其扩大再生产的"抱负"和"雄心壮志"了,这就使得"市场型农户"的金融需求不断增长。

2. 农村合作经济对金融的需求增加明显

随着河北省城镇化率的不断提高和劳动密集型产业向县域或乡村地区的转移,加之当前经济发展金融新常态的影响,出现了农民工返乡就

---

①　力争 2018 年完成农商行改制! 河北农信社改革加速全力打造现代化商业银行,见 http://wap.hebnx.com/newsdetail.asp? newsId=1492。

②　2017 年第一季度河北省村镇银行发展再上新台阶,见 http://www.sohu.com/a/134928367_123643。

③　人民银行:《2017 年小额贷款公司统计数据报告》。

业、创业的大潮。许多在外打工多年、掌握一定专业技术的农民工返乡后,根据本地的实际情况开展了创新创业活动。其中,有许多是开办农民专业经济合作组织或是直接参与其中。到 2017 年 10 月,河北省农业合作社、家庭农场等新型农业经营主体数量已达到 12.8 万个,颇具规模。农业合作社经营规模的不断扩张使得近几年河北省农村合作经济对金融服务的需求明显增加。合作社的发展将原来分散于各个农户的金融需求集中起来,这也大大降低了农村金融的交易成本,在增加农村金融需求的同时,促进了农村金融的发展。

3. 农村居民消费信贷需求逐步增长

由于历史传统和生活习惯等原因,我国特别是华北地区农村家庭往往追求"厚积薄发",注重储蓄,忽视消费,对消费信贷抱有相当谨慎的态度。但是,近些年随着经济发展和农村居民收入水平的提高,以及网上购物、移动支付等新型消费方式的出现,农村居民的消费观念也在发生变化,从原来的"重储蓄、轻消费",逐渐向积极消费甚至超前消费的状态转化,因此,对消费信贷的需求也大幅增加。特别是在汽车、家电等大件消费品的购买过程中尤其需要消费信贷的支持。这就使得河北省农村居民消费信贷需求逐步增长。21 世纪初河北省农村消费信贷只有 1 亿元,2010 年则达到了 12.7 亿元。根据杜文忠、温振华、李婕琼、王运会(2011)的调查,发现希望在当时的农村居民中得到消费信贷支持的占95.38%,仅有 4.62%的人不需要信贷支持。消费信贷产品和结构主要包括:住房贷款占 36.3%、大件商品贷款占 17.03%、汽车消费贷款占15.04%、助学贷款占 9.77%、信用工具占 8.64%、医疗信贷占 8.04%、子女婚嫁贷款占 5.18%。

4. 京津冀区域协同发展促进了河北省农村金融需求的增长

以疏解北京市非首都功能为"牛鼻子"的京津冀区域协同发展战略的推进,必然会使大量生产性工业企业由北京向河北转移,这必然会引起河北省产业结构的升级和调整,农村的产业结构也会随之发生转变,这就会使农村居民产生新的金融需求。另外,京津冀区域协同发展,必然会带动河北省农村居民收入和消费水平的提高,这也会在一定程度上刺激农村金融需求的增长。

5. 河北省农村金融需求出现多元化的局面

随着城镇化进程的加快发展,农村与城市之间的经济联系不断加强,农民收入的来源渠道也逐步多样化,除农业经营收入外,外出打工收入、工商业经营收入也均有出现,甚至还出现了资本性收入。农户经营方式和收入来源的多样化,也使得其金融需求出现了多元化的状况。农村金融需求也在生活消费需求和简单的生产经营需求之中出现了投资性需求,这就需要有更加丰富的金融产品和金融工具来满足。例如,农户在农闲季节可能会出现闲置的资金,这就产生了投资需求,农户会需要一些与农业周期相一致的金融产品和金融工具,如理财、信托、债券、股票、信用卡等。随着农业现代化和全球经济一体化的发展,农户生产的产品也可能会行销海外,从而与国外企业发生经济联系,这就会产生结算、汇兑、保理等金融需求。另外,随着农户越来越深入市场,对于市场经济中存在的风险也有着越来越清晰的认识和理解,这就需要保险、咨询等金融业务的服务。因此,河北省金融需求出现了多元化的局面。

(三)农村金融需求中存在的问题

1. 宏观经济下行态势影响了农村金融需求的增长

当前,中国经济发展已进入新常态,经济增长速度有所下降,提质增效成为主要任务。从河北省的情况来看,如图 4-1 所示,从 2007—2016 年 10 年间,GDP 指数总体呈下降态势,这也说明河北省的经济增长速度在放缓。受整体宏观经济形势的影响,农户及涉农企业经营困难也有所增加,削弱了其农业投资意愿,从而对农村金融需求的增长造成不利的影响。另外,随着供给侧结构性改革的深入推进,"三去、一降、一补"政策的实施对涉农企业在产业选择、资源利用、质量标准、市场准入等方面都提出了更高的要求,许多涉农企业产量受限,甚至停产,这也影响了农村金融需求的增长。

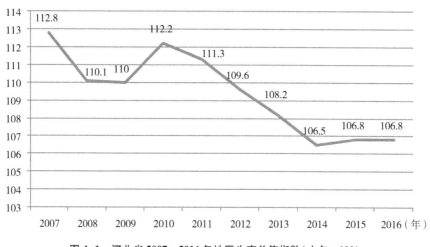

图 4-1　河北省 2007—2016 年地区生产总值指数(上年=100)

数据来源:河北省统计局网站。

2. 土地制度的局限性制约了农村金融需求的增长

就我国目前的土地产权制度来看,农村土地的所有权归村集体,农户仅对所承包土地拥有使用权,这样可以保障农户在原有生产规模上进行生产经营。但是,如果农户想扩大生产规模,就需要更多的土地,但在当前土地制度下,土地使用权的自由流动并不顺畅,既阻碍了农业产业化的发展,也给农户利用土地资源获得金融服务带来了不便,农户很难将土地经营权作价抵押,制约了农村金融需求的增长。党的十八届三中全会之前,针对土地流转没有明确的规定,村集体拥有所有权,农户拥有承包经营权,政府拥有处置权,而三者的权利边界划分并不清晰,有时就导致农村土地变成了村干部的"私产",可由其任意支配,甚至还会滋生"寻租"行为。党的十八届三中全会以后,针对农村土地问题进行了政策尝试,通过逐步放开农村建设用地、农村建设用地与城市建设用地同权同价等措施,加速土地流转,试图赋予农户更多的土地支配权。但是,目前各项政策尚在尝试阶段,一些政策还有待进一步落地,一些具体措施也有待逐步改进,这就使得农村土地制度既是制约农村金融需求的重要因素,也成了破解农村金融困境的主要着力点。

3. 社会保障制度的不完善制约了农村金融需求的增长

当前,虽然农村居民也享受到了"新农合""新农保"等社会保险待遇。参与标准较低,保障尚不充分。就目前政策来看,农村居民的月养老金待遇等于个人账户总额加河北省每年给参保农民补贴除以139再加上基础养老金55元。另外,农村居民养老金个人缴费标准分为每年100元、200元、300元、400元、500元5个档次。由此可知,即使按最高档次来计算,农村居民养老金最多每月也只可以拿到115元左右,这与当前的消费水平进行对比很难发挥基本生活的保障作用。另外,农村居民就业、教育、住房等保障程度也较低。这就使得农村居民在现实需求和保障后顾之忧方面的矛盾无法被彻底解决,农村居民必然会出于预防的动机保留大量储蓄,从而减少投资活动,也会对通过贷款等金融服务获得资金进行生产的方式加以排斥,从而制约了农村金融需求的增长。

4. 农户生产性投资不足制约了农村金融需求的增长

农户对金融服务的需求除了有消费方面,还有生产方面,而且往往生产性投资方面的需求会占更大的部分。但是,当前农户购买生产资料和固定资产等生产性投资不足限制了农村金融需求的增长。从河北省农村经济发展情况来看,如图4-2所示,2016年,河北省农村农户人均固定资产投资为1176元,远低于全国1794元的水平。由此可见,河北省农村农户固定资产投资规模还比较低。这主要是由以下原因造成的:一是农户生产性投资渠道相对狭窄导致的。我国农村地区市场化程度较低,大部分农户职能经营传统种植业,而农产品加工、运输、批发、高科技农产品或农业机械的研发等产业发展较为缓慢,这就限制了农户生产性投资的渠道。二是农户通过生产性投资发展工商业意愿不强。在市场经济条件下,农户的生产经营行为符合经济人假设,即在各类生产经营行为中会选择边际成本和边际收益相等的一项。就河北省目前情况来看,由于市场还不够发达,尤其是农村市场不发达,加之各项维护市场经济秩序、促进公平竞争制度尚不完善,导致农户通过生产性投资进行生产经营所产生的成本高于如进城打工等靠提供劳动力进行的生产经营。因此,许多农户宁肯进城打工也不愿意从事生产性投资的经营行为,从而导致河北省农村农户固定资产投资规模较低,进而制约了农村金融需求的增长。

单位:元

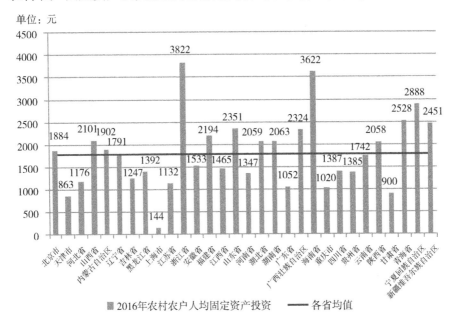

图 4-2　各省、市、自治区(不含西藏自治区)2016 年农村农户人均固定资产投资及全国平均值

数据来源:国家统计局网站。

5. 满足农村金融需求具有较高的成本和风险

我国农业经营模式主要是家庭承包制,金融需求的主体主要是单个农户,这就使农村金融需求呈现出小规模的特征,无论是储蓄需求还是贷款需求,规模都不大。近几年,随着农村经济的发展,农村地区涌现出大量的中小企业,尽管这些农村中小企业有着较大的金融服务需求,但是从单个企业的规模上看都相对较小。这种小规模、分散化的农村金融需求就使金融机构在经营过程中产生了额外的费用,从而造成了成本的增加。另外,一些外地大型金融机构也没有精力、人力和物力对作为农村贷款主

体农户和中小企业进行调查,这就会使该部分业务产生较大的风险性。较高的成本和风险也打击了金融机构满足农村金融需求的积极性。

6. 农村金融需求缺乏有效的风险补偿机制

由于农业经营具有风险性和周期性,所以满足农村金融需求往往更需要建立有效的风险补偿机制。目前,保险和担保是金融市场上主要的风险补偿机制。农业保险和涉农担保则是满足农村金融需求的重要风险补偿机制。就河北省当前情况来看,据保监会网站公布资料显示,2017年农业保险保费收入 25.8 亿元,参保农户 1157.6 万户(次),承保玉米、小麦、蔬菜、林果等种植业 17837.6 万亩、养殖业 1771.3 万头(只),为全省农户提供风险保障金额 815.3 亿元,支付赔款 11.8 亿元,受益农户 218.9 万户(次)。这虽然较前几年有所发展,但河北省农业保险较山东省、江苏省、浙江省、广东省等发达省份还有较大差距,仍不能满足农村金融发展的需要,保险险种还有待扩展,政策保险还须持续发力。

二、农村金融供给主体存在的问题

(一)农村金融供给的产生及河北省农村金融供给现状

在传统农业社会当中,由于农产品的生产主要是为了满足农村居民自给自足的需要,而不是用来交换,对金融需求不大,所以,也就没有金融供给。到了现代商品经济社会,农村市场逐步建立起来,农村居民生产的农产品也不再主要用于满足个人消费,而是更多地投放到市场上进行交换,从而通过出让使用价值来获得价值。农村市场对金融的需求也逐渐产生,并随着市场经济的繁荣发展而逐渐旺盛。因此,就引发了金融供给的产生。另外,随着农村居民收入的提高,其产生了资金盈余,从而就有了投资的愿望,也激发了部分金融供给。

从我国当前的情况来看,经过 40 多年的改革开放,我国已形成包括民间借贷、政策性金融、合作性金融、商业性金融等比较完备的金融供给体系。在这个体系中,我们可以将所有的供给主体分为两类:一类是正规金融,包括金融机构,如政策性银行、合作型金融机构、商业银行和保险公司等;另一类是非正规金融,包括提供类似于金融服务的非金融机构或个人之间的担保以及民间借贷。在农村金融市场的供给主体当中,正规金融占据了主导地位。其中覆盖面最广的是农村信用社。农村信用社属于合作性金融机构,遍布我国乡村地区,为农村居民提供储蓄、涉农贷款、汇兑等金融服务,近年来,随着我国农村经济的不断迅速发展,农村信用社不断拓展服务"三农"领域,创新服务品种,逐步开办了代理、担保、信用卡等中间业务,并尝试开办票据贴现、外汇交易、电话银行、网上银行等新业务。从新中国建立之初,直到金融市场化改革深入实施的今天,农村信用社在我国农村金融市场中都发挥着不可替代的作用。其次,是商业银行。我国农村地区最典型的商业银行金融供给主体是农业银行。农业银行最早是将基层网点设在乡镇,后来由于业务量有限,再加上股份制改造的需要,农业银行逐步撤销大量农村地区的分支机构,将经营重点转移到了城镇。除了农业银行之外,邮政储蓄银行也是遍布广大乡村地区的金融供给主体。再次,作为政策性金融机构,农业发展银行也是重要的农村金融供给主体,承担国家规定的农业政策性和经批准开办的涉农商业性金融业务,代理财政性支农资金的拨付,为农业和农村经济发展服务。还有一些经营涉农保险的政策性保险公司和商业保险公司也是农村金融供给的主体。另外,村镇银行、农村商业银行、农村资金互助社、农村小额贷款公司等作为新型农村金融机构也登上了农村金融市场的舞台。严格来讲,农村商业银行、村镇银行属于商业银行性质,属于正规金融的范畴,而农村资金互助社、小额贷款公司等机构属于非正规金融的范畴。最后,就是民间借贷等非正规农村金融供给。

从河北省的情况来看,农村信用社在全省共设有 3 个市级联社、8 个办事处和 148 个县级机构、4842 个营业网点,其中 1 家农村合作银行也属于合作性质的农村金融供给主体,但有 43 家农村信用社已改制成农村商业银行,2018 年 6 月末,各项贷款余额 8645 亿元,各项存款余额 13306 亿元。[①] 已发展成为全省农村地区营业网点分布最广、存贷款规模及资产总量最大、支农力度最强的金融机构,成为联系广大农民的金融纽带和服务城乡经济的农村金融供给主体。中国农业银行河北省分行共有 1086 家网点,依托试点改革的机会,强化服务"三农"的体制、机制优势,全力打造县域领军银行,促进各支行对"三农"和县域经济的有效信贷投放,从而促进全省农业发展、农村繁荣和农民增收。农业发展银行河北省分行 2017 年发放各类贷款 288 亿元,创造政策性金融供给,引导社会资金流向农业领域。截至 2018 年第一季度末,河北省已有村镇银行 96 家,居全国第二,县(市)覆盖率达到 76%,资产总额 447.86 亿元,贷款余额 258.40 亿元,[②]在服务农户和涉农小微企业方面作出应有贡献。近年来,河北省农业保险业取得长足发展,截至 2015 年,共有 7 家保险公司经营农业保险,保费收入 22.02 亿元,保险赔款 17.25 亿元。[③] 作为保险业金融供给主体,各家经营农业保险的保险公司为农业产业化提供了大量的服务和保障。截至 2017 年末,河北省共有小额贷款公司 437 家,发放贷款余额 245.60 亿元,也成了重要的农村金融供给主体之一。另外,民间借贷融资也是河北省农村金融供给的一个主要方面,由于民间金融长期处于监管范围之外,因此这方面数据难以统计,但民间借贷在农村居民之间广泛存在已是不争的事实。

(二)新时期河北省农村金融供给的特点

1. 农村金融供给总量仍显不足

金融资本天生具有逐利性,往往向利润高、风险低的领域集中。而农业生产周期长、风险高、利润低,因此往往很难得到金融资本的关注,进而

---

① 河北农村信用社网站,见 http://www.hebnx.com/about.asp? id=40。
② 河北省村镇银行数量全国第二,见 http://hb.jjj.qq.com/a/20180503/013196.htm。
③ 《河北省农业保险发展报告(2015)》。

出现农村金融供给不足的问题。就我国实际情况来看,21 世纪以来,各大国有控股大型商业银行随着自身的股份制改革和业务的整合,已基本撤掉设在农村的网点机构,这就使我国农村正规金融的供给量大幅减少,一时间出现较大的金融缺口。杨兆廷、马彦丽(2013)借鉴美国经济学家 Goldsmith 的金融——经济比率理论,利用金融容量的概念对我国农村金融缺口进行了分析,认为农村金融供给不足和非正规金融的存在有其必然性。笔者借鉴其方法,通过金融容量的概念对河北省的农村金融供给总量进行分析。所谓金融容量就是金融的容纳量,即一个地区在一定经济状况下最适度的金融容纳量。从数值上看,它应当等于经济总量乘以金融相关率。用公式可表示为

$$M(金融容量) = G(生产总值) \times K(金融相关率)$$

考虑到数据的可得性,我们采集 2000—2018 年河北省存贷款余额和 GDP 的相关数据,用存贷款余额之和除以 GDP 得出河北省的金融相关率,再采集 2000—2018 年河北省农业增加值乘以金融相关率从而得出河北省农村地区的理论金融容量。然后,根据 2013—2016 年农户贷款数推算出其他年份的农户贷款数,用 2013—2016 年农户贷款占河北省贷款总额比例的平均数乘以历年贷款总额求得。最后用理论金融容量减去农户贷款数即可得到河北省农村地区的金融缺口。由图 4-3 可以看出从 2000—2018 年,河北省农村金融缺口整体呈现扩大态势,仅在 2017 年有所回落,其余年份均呈上升态势。由此可见,河北省农村金融缺口规模较大且整体扩大,这正在另一个方面体现了河北省农村金融供给总量不足。

表 4-1 2000—2018 年河北省农村金融缺口计算数据

年份	存款余额/亿元	贷款余额/亿元	GDP/亿元	金融相关率	农业增加值/亿元	农村金融理论融量/亿元	农户贷款/亿元	金融缺口/亿元
2000	5543.5	4133.6	5043.96	1.92	824.55	1581.94	362.10	1219.84
2001	6124.5	4540.5	5516.76	1.93	913.82	1766.60	397.75	1368.85

续表

年份	存款余额/亿元	贷款余额/亿元	GDP/亿元	金融相关率	农业增加值/亿元	农村金融理论融量	农户贷款/亿元	金融缺口/亿元
2002	6855.2	5038.2	6018.28	1.98	956.84	1890.92	441.35	1449.57
2003	7969.8	5654.8	6921.29	1.97	1064.05	2094.59	495.36	1599.23
2004	9249.9	6152.2	8477.63	1.82	1370.43	2489.79	538.93	1950.86
2005	10764.9	6415.2	10012.11	1.72	1400.00	2402.30	561.97	1840.33
2006	12551.6	7411.9	11467.6	1.74	1461.81	2544.81	649.28	1895.53
2007	14355.6	8397.8	13607.32	1.67	1804.72	3017.75	735.65	2282.10
2008	17709.0	9453.3	16011.97	1.70	2034.59	3451.43	828.11	2623.32
2009	22361.4	13123.8	17235.48	2.06	2207.34	4544.57	1149.64	3394.93
2010	26099.0	15755.7	20394.26	2.05	2562.81	5259.60	1380.20	3879.40
2011	29563.8	18144.0	24515.76	1.95	2905.73	5654.57	1589.41	4065.15
2012	34013.0	20850.9	26575.01	2.06	3186.66	6578.83	1826.54	4752.30
2013	39221.3	23966.0	28442.95	2.22	3381.98	7513.22	1871.50	5641.72
2014	43454.9	27593.8	29421.15	2.41	3447.46	8325.22	2403.00	5922.22
2015	48550.9	32151.4	29806.11	2.71	3439.45	9312.57	2948.00	6364.57
2016	55513.3	37352.2	32070.45	2.90	3492.81	10114.03	3489.95	6624.08
2017	60033.0	42891.2	34016.32	3.03	3129.98	9470.47	3757.27	5713.21
2018	65910.2	47744.1	36010.27	3.16	3338.00	10535.27	4182.38	6352.89

数据来源：《河北经济统计年鉴》《河北金融年鉴》。

2. 农村金融供给结构不够合理

从供给角度看,河北省农村金融总量供给不足的基础上还存在供给结构的不合理性。经过实地调研我们发现,从农村金融供给的性质上看,正规金融供给明显不足,民间借贷充斥农村市场,这与我国金融市场的整体布局有关。最早能为农村地区提供正规金融信贷供给的机构仅为农业银行和农村信用社,而后农业银行逐步撤销了设在乡村的基层网点,农村地区的正规金融信贷供给则主要靠农村信用社提供。后来,虽然广泛设立了村镇银行、农村商业银行、农村合作银行和小额贷款公司以及农民资金互助社等机构,但这些并不能完全填补农村信贷金融正规供给的缺位。

单位：亿元

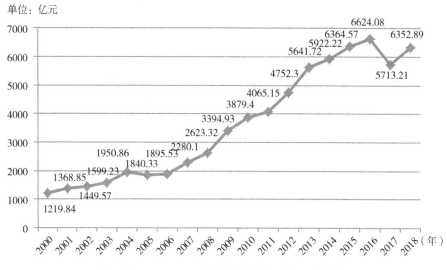

图4-3 2000—2018年河北省农村金融缺口变动情况

村镇银行规模过小，且存在业务不全、发展缓慢、抗风险能力差等问题，发挥的作用十分有限；农村商业银行和农村合作银行都是原农村信用社转型而来，无论是业务开展方式、经营理念，还是经营规模上都是原农村信用社的翻版，从整体上看对农村正规金融信贷供给并没有较大幅度提升；小额贷款公司和农民资金互助社的机构则存在规模小、抗风险能力差、监管不到位、业务经营面较窄等问题，无法提供大量有效的正规金融信贷供给。再加上风俗习惯和文化传统的影响，农村居民无论因生产还是生活产生的资金需求多是首先依靠亲友之间的借贷获取，这就导致了农村地区正规金融的供给明显少于非正规金融的供给，使民间借贷占主要部分，而银行等金融机构信贷占比较小。从金融供给的内容上看，主要是信贷供给，缺乏证券、保险等形式的金融供给，同时，资产证券化等创新形式的金融供给几乎没有，这样的供给结构不能适应河北省农业产业化及农村经济规模化发展的需要。

3. 农村金融供给价格偏高

金融供给的价格主要是使用资金的成本，包括签订合同时规定的利率及其相应的附加成本。就河北省农村地区来看,农村信用社、农商行等农村金融信贷供给主体的表面利率并不高。如表4-2所示,2018年河北省信用社贷款利率整体为一年以内年利率平均约4.35%,一至五年(含五年)为4.75%,五年以上为4.90%。由此可见,河北省信用社、农商行的贷款利率表面上看并不比其他商业银行高。但农村居民从信用社贷款一般还需缴纳入股金,这也提高了贷款成本。另外,大部分农村居民贷款需要提供抵、质押品,信用贷款、保证贷款较少,这也在无形中提升了贷款成本,从而造成农村金融供给价格偏高。

表4-2 2018年河北省信用社贷款利率表

项目	年利率(%)
一、短期贷款	
一年以内(含一年)	4.35%
二、中长期贷款	
一至五年(含五年)	4.75%
五年以上	4.90%

数据来源:网站数据。①

4. 农村金融供给缺乏创新

与城市地区广泛开展金融创新不同,农村地区金融创新相对匮乏。这首先是由金融资本追逐利润和规避风险的本性决定的。农村金融业务大都收益低且风险较高,因此,在一定程度上打击了金融资本创新的积极性;其次,农户自身经济条件薄弱,缺乏有效的抵、质押品和消费金融创新的能力,这也在一定程度上阻碍了农村金融创新的开展;最后,传统落后的思想观念也降低了农户对金融创新的接受程度,这也制约了金融创新在农村地区的推广。以上原因导致农村金融供给缺乏创新,具体表现在以下几个方面:一是表现在制度方面,政府虽然出台了各种惠农金融政

① 2018年最新河北省信用社贷款利率表,贷款利率是多少,见 https://www.ppmoney.com/wdyinhang/561148.html。

策,普惠金融业务也不断开展,但在制度方面缺乏针对农村的创新;二是表现在产品方面,为农户量身定做的创新金融产品较少,各金融机构针对农户开展的业务,仍然多以贷款为主,保险、证券等金融产品的创新更少;三是表现在技术方面,农商行、村镇银行等主要经营农村金融业务的金融机构由于技术和资金的限制,信息化建设还不够完备,对于互联网、大数据、区块链等技术的应用也较少,从而限制了技术角度的农村金融创新。

(三)农村金融供给主体存在的问题

当前河北省农村金融供给中存在较多问题,但最突出的是各类农村金融供给主体自身的问题。因此,笔者重点分析了农村金融供给主体存在的问题。河北省农村金融供给主体存在的问题主要包括以下几点:一是表现在政策性金融供给不足方面。当前河北省农村政策性金融供给的主要承担者即农业发展银行,2018 年,河北省农发行累放相关贷款 284.7亿元①,在一定程度上促进了河北省农村、农业的发展,维持了粮食价格的稳定,推动了农村和农业的产业化。但 284.7 亿元的贷款和 6000 多亿的金融缺口相比,无异于杯水车薪,在经济发展进入新常态和不断推进京津冀协同发展重大战略的背景下,农村地区的发展需要更多的政策性金融供给支持。二是商业性金融积极性不高。由于农业具有低收益、高风险的特征,商业性金融很难从农业相关的金融业务中获得预期收益,所以对开展农业相关的业务没有太高的积极性。三是我国合作性金融体量较小,业务范围也相对狭窄,随着互联网、大数据等技术的发展,合作金融越来越难当重任。而且,我国的合作金融在业务开展上与商业金融并没有太大的区别,合作性仅仅体现在其自身的治理结构上,其为农村居民提供金融服务的合作性并不明显。例如,农村信用社的业务开展除了地域和

---

① 围绕"三件大事"2018 年河北省农发行累放贷款 284.7 亿元,见 http://he.people.com.cn/n2/2019/0215/c192235-32644699.html。

范围与商业银行有所区别外,其他方面差别不大,其合作性主要体现在治理结构上,经营中合作性体现并不明显。而且,当前信用社向农商行转制是大趋势,待大多数信用社都转制成农商行后,合作性金融在农村地区将出现空白。四是民间金融蕴藏着较大的社会风险。在正规金融介入不足的情况下,农村居民金融服务的需求在很大程度上是由民间金融填补的,但民间金融缺乏正规性,且监管较难,因此,极易出现风险事件。有的民间金融甚至沦为"高利贷"和"非法集资",这在一定程度上又极易引发社会性风险,需要引起足够关注。五是农村金融供给主体主要是经营信贷业务的银行业机构,而保险、证券方面的供给主体较少,这就造成了农业保险保障程度较低、缺乏股权融资和资产证券化等方面的问题。六是农业担保体系建设不完善,农村居民很难获得相应的担保服务。

三、农村金融市场存在的问题

(一)农村金融产品和工具较为单一

就河北省目前情况来看,农村地区金融市场中各类机构提供的金融产品和服务主要是小额贷款和农业保险,产品种类较为单一,针对农业、农村、农民的金融创新较少。虽然出台了《河北省农村土地经营权抵押贷款管理暂行办法》,但由于经营条件等方面的限制,土地经营权抵押贷款业务开展得并不多;同时,集体林权抵押贷款、大型农机具抵押贷款等业务也开展较少;另外,由于担保公司不愿介入农业生产,因此农村地区信用保证保险开展较少;河北省涉农企业直接融资工具也相对较少,涉农企业挂牌上市的辅导力度不够,其债券发行渠道也不够畅通;众筹、互联网融资等方式在农村金融市场当中则更难开展;农业保险覆盖范围也相对较窄。这些都说明河北省农村金融产品和工具较为单一,农村居民对金融服务的选择余地较小,金融支农的作用尚未完全发挥出来。

（二）农村金融机构差别化服务水平有待提高

当前,河北省农村地区的商业性金融机构主要有农业银行、邮政储蓄银行、农村信用社、农村商业银行、农村合作银行、村镇银行和小额贷款公司以及少数资金互助社。虽然,无论从种类还是数量上看都有所增加,但其提供的金融服务多是同质化的存贷款服务,区别仅在于服务的地域范围及其自身规模大小的不同,差别化服务水平尚没有明显提高。这就无法满足农村居民及涉农企业差别化的金融服务需求。农村居民及涉农企业从农业银行无法获得的贷款,在农村信用社、农村商业银行、农村合作银行和村镇银行同样无法获得。农村信用社并没有发挥出其应有的合作金融作用,农村商业银行、农村合作银行及村镇银行同样也没有发挥出其作为地域性小银行应具有的"软信息"获得成本优势。这些中小型农村金融机构往往也向大型金融机构看齐,希望能将贷款资金投向风险更小、收益更稳定的大型企业,或是倾向于发放抵、质押贷款,而不愿做细致的市场调查以通过区域内"熟人"社会获得"软信息"从而发放信用贷款或保证贷款。至于保险以及涉农企业股权、债权等直接融资及其他方式的金融服务,当前河北省的农村金融机构提供的就更少了。

（三）农产品期货市场发育不健全

农业生产具有季节性和周期性的特征。因此,农产品的期货交易历来为人们所重视,某地区农产品期货市场的发育程度也与其农业发展及农村经济发展情况高度相关。从河北省的具体情况来看,许多农户对农产品期货市场尚不熟悉,相应的参与度也较低。由河北经贸大学张莹莹的(2017)调研情况可知,河北省农村居民大多认为市场上农产品收购价格变动是影响其经营性收入的最重要的因素,在调研中持该观点的农户占50%以上。同时有50.5%的被调查农村居民将农产品储存起来,待有人上门收购时销售,这说明大部分农户习惯沿用传统的销售方式,而不愿尝试新销售方式和风险化解方法。另外,该调研还反映出大部分农户被动接受农业风险,很少采用有效措施主动对冲、规避或化解农业风险,且大部分对农产品期货市场并不了解。由此可见,河北省农产品期货市场发展的基础还较为薄弱。另外,期货市场上交易品种较少;农产品在总量、季节、区域、年际等方面的平衡能力也较弱;农产品期货市场信息网络建设水平较低;农产品期货市场化程度也不高,价格功能也不够完善。这些因素都是农产品期货市场发育不健全的具体表现,这减少了农业金融规避风险的渠道,阻碍了河北省农村金融的发展。

(四)各涉农业态市场的联动机制有待加强

河北省当前已建成以信贷为中心,兼顾农业保险和涉农企业直接融资渠道的农村金融市场体系。然而,信贷、保险、担保、期货、股权融资、债券融资等涉农金融业态市场之间尚未形成有效的联动机制。就目前情况看,往往是信贷市场一家独大,保险、担保、期货市场略有作为,股权融资、债券融资等市场几乎没有发挥什么作用,更不要说不同业态市场之间联动了。而农业天然具有的周期性、季节性、高风险性则要求各业态涉农金融市场之间密切配合才能真正促进农业产业化和现代化。当前,一些涉农企业获得贷款后没有股权投资基金的支持,也很少有债券发行渠道,无法实现"投贷联动";企业自身缺乏保险意识,而与此同时保险公司也对涉农保险业务不感兴趣,担保公司更不愿为涉农企业或农户提供担保,从而难以实现"贷保联动";当前农户还没有成为农产品期货市场上的主体,套期保值的作用没有发挥出来,涉农贷款化解风险的途径就受到制约,也无法实现"贷期联动"。总之,各涉农业态金融市场之间缺乏联动机制,也是农村金融市场中存在的重要问题,这在一定程度上也制约了农村金融的发展和农业产业化、现代化的进程。

四、农村金融基础设施建设存在的问题

（一）农村征信体系建设滞后

"征信"一词在我国出自《左传》"信而有征"一句,意为某人说的话可以得到验证。现代征信则是指由专业化的独立机构按照法律规定采集、记录个人或企业的信用信息,并依法对社会公众或利益相关人提供相关信息的一种活动。由于征信具有评价企业和个人信用的功能,所以,在信贷、保险、担保、股权融资、债券融资等领域被广泛应用。当前,我国已基本建立了征信系统,但农村领域中的征信体系建设相对落后,这既是农村居民和涉农企业信息采集、记录相对困难导致的,又和当前征信机构本身建设不完善密不可分。作为农村金融的一项基础设施,农村征信体系建设滞后在很大程度上影响了农村金融的发展。没有完善的征信体系,一些信用资质较差的农户和涉农企业很难被甄别出来,农村金融经营中的风险就会增加,使涉农金融机构业务的开展相对困难;同时,这也使得信用资质较好的农户和涉农企业难以证明自身信用状况,从而难以获得有效的金融服务。因此,当前农村征信体系建设的滞后性严重影响了河北省农村金融的发展。

（二）农村支付结算体系建设缓慢

我们通常讲的支付结算体系是以中央银行为核心,向金融机构及其他市场主体提供的资金支付和清算体系。具体包括支付工具、支付系统、支付组织服务、支付监督管理等。随着互联网、移动通信技术的迅速发展,市场上的支付手段和结算方式出现了革命,网上支付、移动支付应运而生。为了适应新变化,完善农村支付结算体系,2010 年以后,河北省采取建立正式金融网点与建立定时定点服务点相结合的方式,将金融服务覆盖到最后 55 个空白乡镇,在一定程度上促进了农村支付结算体系的建设。然而,河北省一些相对落后的农村地区,由于金融机构网点较少、网络技术应用程度较低、居民对新技术认识不足、接受程度较低、宣传不到位等原因,农村支付结算体系建设缓慢,虽然也能够获得一定的金融支付结算服务,但网上支付、移动支付、手机银行、网上银行等应用并不充分,当地的支付结算体系也没有发挥出加速商品交易、促进价值交换的作用。

(三)农村金融中介服务体系建设有待加强

金融中介有广义、狭义之分。广义的金融中介是指在资金融通的过程中,在资金供给者和资金需求者之间发挥媒介作用的机构,既包括银行、证券、保险等金融机构,也包括各类金融信息咨询服务机构。而狭义的金融中介仅指金融信息咨询服务机构。如投资咨询公司、投资与保险代理机构、资产管理公司、资信评级机构、征信机构、财务顾问公司、会计师事务所、律师事务所,等等。因此,狭义的金融中介体系也可以称为"金融中介服务体系"。作为金融中介的此类金融信息咨询服务机构的发展可以减少信息不对称,增强投融资双方防范信用风险的能力,促进金融交易的迅速实现。然而河北省当前农村地区金融中介体系尚不完善,金融信息咨询服务机构开展业务较少。其原因一方面是当前河北省农村地区农业生产经营规模较小,产业化程度较低,本身所需金融服务不多,相应的金融信息咨询服务需求则更少。另外,农户和涉农企业对金融中介服务的认识不够充分,没有认识到金融中介服务在其投融资中发挥的作用,因此,很少像城市中的企业一样去主动寻求金融中介服务。另一方面是河北省农村地区金融中介体系的不完善性导致一些农户和涉农企业在产生金融中介服务的需求后,很难找到价格适宜又有服务针对性的金融中介机构,从而无法满足其金融中介服务需求。由此可见,河北省农村金融中介体系建设有待加强。

五、农村金融扶持政策存在不足

（一）对农村金融的整体引导力度不够

近年来,河北省在金融支农、金融扶贫等方面出台了多项相关政策。例如,2016 年 5 月,河北省政府出台了《河北省普惠金融发展实施方案》(冀政发〔2016〕24 号),对完善"三农"金融服务做出了具体规定,提出要创新涉农贷款抵、质押方式和农村金融产品,鼓励涉农企业利用资本市场融资,创新发展政策性涉农保险业务等具体要求。同年,还出台了《河北省金融扶贫指导意见》。这些政策的出台在一定程度上促进了河北省农村金融的发展,发挥了不容忽视的重要作用。但是,这些政策往往关注的是农村金融的某一领域,而对农村金融整体发展的引导力度不够。

（二）金融和财政扶持政策缺乏有机结合

当前,河北省出台的解决"三农"问题的金融扶持和财政扶持政策,在一定程度上发挥了扶持作用,河北省农业、农村取得了长足发展,农村居民收入水平不断提高。然而相关的金融政策和财政政策往往各管一摊,缺乏有机结合,很难发挥整体合力。财政对农业的扶持政策往往是直接对农户和涉农企业进行奖补,而没有与相关的金融政策结合使用,这就很难发挥财政资金的杠杆撬动作用。与此同时,金融政策有时与财政政策的配合也不够密切,很难实现"接力、借力"。因此,今后可考虑加强金融和财政政策的有机结合。例如,可以加强财政政策对农村金融的支持,利用财政资金建立专项基金或资金池,为支持农业发展的金融机构或项目给予风险补偿或奖励,这样可以使金融政策和财政政策结合使用,发挥合力,更有效地促进河北省农村和农业的发展。

（三）金融监管政策缺乏针对性

从监管政策来看,河北省相关金融监管机构和部门尽管做到了严格执行国家的金融监管政策,保证河北省金融机构的正常经营,维护整个省域金融体系的安全和稳定,保障了国家金融货币政策和宏观经济政策的有效实施,但其政策的执行缺乏针对性,有时只考虑了政策执行的绝对性和普遍性,没有考虑河北省"三农"问题的特殊性和相对性。针对本地区和本地区农业、农村实际问题的监管政策出台较少,这是河北省农村金融发展中需要关注的问题之一。

第五章　河北省农村金融服务效率评价分析

河北省农村金融服务的水平是决定河北省农村经济发展的一个关键因素,农村金融作为农村经济发展的血脉,为"三农"提供了资金保障。为了更好地发现河北省农村金融发展中存在的问题,我们必须对河北省农村金融的服务水平有一个客观的评价,必须知道河北省农村金融当前的发展阶段,以及在全国所处的位置。对河北省农村金融服务水平的综合评价不仅有利于了解该地区农村金融发展水平的高低,还有利于将河北省放在全国范围内进行比较,寻找河北省与其他地区之间的差距,为河北省农村金融发展找到一个参照系,进而借鉴成功地区的发展经验、发展模式,提高其农村金融服务的效率。

一、农村金融服务评价的理论基础

(一)文献梳理

近些年,国内学者围绕农村金融服务的评价开展了许多相关研究,学者们已取得的研究成果,为本研究提供了基础。

付园元等(2014)建立"三位一体""5 指标+1 因子"的农村金融发展水平复合度量体系,并对各地区农村金融发展水平进行实证评价,结果显示河北省农村金融服务水平在全国 31 个省(市、自治区)中排名第 19 位。蒋志强等(2015)利用主成分因子分析法对我国 31 个省(市、自治区)

2009—2012 年农村金融服务水平进行了综合评价,结果显示河北省综合排名第 8,实证研究表明农村生产与生活、农村经济发展和农业贷款是影响农村金融服务水平的因子。杨帆(2015)运用层次分析法对河北省农村金融市场效率进行了评价,结果显示,信贷总体覆盖度对金融服务效率的影响最大。杨俊仙(2015)测算了山西省 2011 年 96 个县的普惠金融发展水平,其方法为普惠金融指数,指标选取为万人金融机构网点数、每百公里网点数、存贷款占 GDP 比重等。运用普惠金融指数来研究省际农村金融发展的还有张晓琳(2017)、龚诗媛(2017)等。魏秀(2018)同样选取普惠金融指数对河北省 2000—2016 年农村普惠金融发展水平进行了测算,设定指标体系包括农村金融服务获得的便利性、农村金融服务使用情况和农村金融贡献程度等。李明贤(2018)使用普惠金融指数法对中部五省 2009—2015 年农村金融发展水平进行了测度,构建了渗透性、可接触性和效用性三个指标,其中包括 9 个细化指标,得出湖北省的普惠金融发展水平最高,同时认为金融基础设施建设和政府扶持对普惠金融发展有积极作用。姚凤阁等(2018)采用 Malmquist 指数法对黑龙江省 13 个地区 2011—2015 年的全要素生产率进行了研究,并运用因子分析法分析黑龙江省农村金融服务的影响因素。该研究选取的投入指标为人均农村金融机构数、金融机构的覆盖率、人均农业贷款及占 GDP 的比重、人均保险赔付等;选取的产出指标为人均农业产值、人均消费支出、人均可支配收入等。从微观、中观和宏观三个维度分析了影响因素,认为就业水平、农村金融覆盖度和涉农贷款余额占比是农村金融水平的重要影响因素。申思敏(2019)同样运用因子分析对河北省农村金融发展水平进行了评价,选取的变量指标为农村信用社贷款、农村固定资产投资、农村劳动力受教育水平和乡村金融从业人员,结果表明与乡村金融相关的变量是主要影响因素。

单一指标测算农村金融服务水平的还有金融相关率、存贷差、存贷比、补贴依赖指数、社会净现在成本等,许多学者在这些方法上也进行了研究。

(二)文献评述

通过对学者的相关研究成果的梳理,我们已经知道了当前关于农村金融服务评价的主要研究内容和研究方法。当前学者关于农村金融服务或者金融发展的水平的研究集中在两个方面,一方面是评价方法的选择和指标的选用,另一方面是影响因素的分析。目前主要的研究方法包括全要素生产率法、因子分析法、层次分析法,以及单一指标分析法等,主要影响因素集中在农村金融机构方面、存贷款方面和经济绩效方面。一些学者做了全国省际的比较,有些学者立足于某区域进行时间序列上的比较,一些学者将研究视角集中在普惠金融方面,认为农村金融服务于普惠金融在某种程度上可以通用。目前该领域的研究还存在一些问题:一是对农村金融服务和农村金融发展的区别的认识还不足;二是关于农村金融服务水平的横向比较的研究还较少,尤其是省际的比较;三是评价指标的选择是否真正代表了农村金融的特征未能深入探讨,在选取指标上,不同学者差异较大。

(三)评价体系的构建原则

1. 理解农村金融服务的特殊性

农村金融在官方统计中并没有一个明确的统计范围,农村金融是地域概念还是产业概念,抑或是人口概念,在学术上目前并没有统一标准,因此,研究农村金融问题难度比较大。首先必须要弄清楚农村金融之所以能够单独成为一个概念,必然有其特殊原因。农村金融这一研究对象的存在主要是基于农村金融与城市金融的根本不同。农村金融的特殊性就表现在农村经济社会的特殊性,即农村经济社会呈现出小规模、分散化、产业经营风险大等特点。因此,农村金融的服务对象并不能严格用地域来划分,例如,坐落在农村地区的工业企业对资金的需求就很难称之为农村金融,同时也难以用户籍属性来区分,例如,农民通过现代金融工具进行的消费信贷或由于人口流动产生的在城市的消费信贷也很难说与城市金融有什么不同。所以研究农村金融问题必须要明确农村金融服务的对象,那就是一定要着眼于农村环境中独特的生产体系或者产业体系,金融服务的对象首先是农业及其附属产业,其次是农民围绕农业和农村所产生的金融需求和供给。

2. 突出投入产出过程的金融服务绩效

金融业存在的目的是为实体经济服务,即服务业是其根本属性。金融业本身的发展并不是我们研究问题的终极目标,将金融服务作为研究对象能够更加突出金融的本质。因此本研究所要研究的是金融服务。既然是金融服务,那必须要评价这种服务的绩效。能否产生效果,能够产生多大效果是我们评价农村金融发展的标准,因此,采用投入产出分析法对农村金融服务进行评价比较科学。农村金融的投入必然是农村金融资源,并且要符合农村金融的特殊性,符合农村金融服务的特定对象,尤其要突出分散化特征。农村金融的产出指标是农村金融服务产生的效果,这个效果一定不是金融本身,而是农村经济发展、农业人口生活水平等经济社会指标。

3. 评价指标体系能够进行不同维度的比较

河北省农村金融服务的评价一定要能够与其他地区进行比较,包括同一年份不同省份的比较和本省的年度比较。横向比较与纵向比较还要能够结合起来进行综合评价。除了在空间和时间上的比较以外,还要能够进行因素分析,讨论是什么因素导致某地区的评价结果。

二、河北省农村金融服务效率评价指标的构建

(一)方法选择

基于对相关学者研究成果的梳理和评述,我们发现了当前在农村金融服务评价的研究中还存在许多不足,针对这些不足,我们确定了评价的

103

基本原则,根据评价原则我们认为可以选择数据包络分析法(DEA)对河北省农村金融服务效率进行评价。用效率来表示金融服务水平高低符合经济学关于资源配置的深刻内涵。数据包络分析是一种投入产出评价方法,符合我们关于金融服务的绩效评价原则的论述。当然,有一些学者运用这种方法对某些省份进行过效率的评价,但目前还没有针对较长时间跨度的省际效率的比较研究。该方法分为两个步骤完成对效率的测算。

1. 构建 BCC 模型

我们选取 M 个省份作为评价对象,分别有 3 个产出指标和 4 个投入指标,对于第 i 个省(i=1,2,3……M)分别用向量 X_i 和 Y_i 表示投入与产出:

$$X_i = (X_{1i}, X_{2i}, X_{3i}, X_{4i})T > 0 \quad i = 1, 2, 3 \cdots M$$

$$Yi = (Y_{1i}, Y_{2i}, Y_{2i})T > 0 \quad i = 1, 2, 3 \cdots M$$

X 和 Y 分别表示 4×M 维投入矩阵和 3×M 维产出矩阵。

设 U,V 分别表示 4×1 投入权重向量和 3×1 产出权重矩阵向量,则第 i 个行业的效率评价指数为:$E = \dfrac{U^T Y_i}{V^T X_i} \quad i = 1, 2, 3 \cdots M$

在规模报酬不变的情况下:

$$Max\left(\frac{U^T X_i}{V^T Y_i}\right)$$

$$S.T. \frac{U^T Y_i}{V^T X_i}, \leq 1, \quad i = 1, 2, 3 \cdots M$$

$$U, V \geq 0$$

对上市进行 Charne-Chooper 转换并放松规模报酬不变假设得约束条件为:

$$\begin{cases} Min\theta \\ S.T. Y\lambda \geq \lambda Y_i \\ X\lambda \geq X_i \\ I\lambda^T = 1 \\ \lambda > 0 \quad i = 1, 2, 3 \cdots M \end{cases}$$

其中,λ 是 M×1 维常数向量,θ 为第 i 省的综合效率值(EFFCH),I=(1,1,…)1×34,目标函数求得的即是纯技术效率(PECH)。综合效率可以分解为纯技术效率和规模效率(SECH)即:EFFCH=PECH×SECH。当TECH=1 时,则表明该行业为 DEA 有效,否则为无效;当 PECH=1 时,则表明该行业为技术有效,否则为无效;当 SECH=1 时则行业规模有效,否则为无效。

2. 构建 DEA-Malmquist 指数模型

Malmquist 指数是用来分析两个不同时期之间效率的变化的有效方法,它是利用决策单元某一生产点与理想产出之间的距离来表示生产率的变化情况的。研究中用 Malmquist 指数表示全要素生产率。Malmquist指数的形式如下:

$$M_{i,t+1}(x_i^t,y_i^t,x_i^{t+1},y_i^{t+1})=\sqrt{\frac{D_i^t(x_i^{t+1},y_i^{t+1})}{D_i^t(x_i^t,y_i^t)}\cdot\frac{D_i^{t+1}(x_i^{t+1},y_i^{t+1})}{D_i^{t+1}(x_i^t,y_i^t)}} \quad (5-1)$$

其中 x_i^t , x_i^{t+1} 分别表示第 i 个省在 t 时期和 t+1 时期的投入向量;y_i^t,$y_i^{t=1}$ 分别表示第 i 个省 t 期与 t+1 期的产出向量。$D_i^t(x_i^t,y_i^t)$ 和 $D_i^{t+1}(x_i^{t+1},y_i^{t+1})$ 分别表示技术参考集处于固定规模报酬 C 和投入要素可处置强度 S 条件下 t 期和 t+1 期生产点的距离函数即:

$$D(x,y)=\frac{1}{f(y,x\mid C,S)}$$

Malmquist 指数的形式可以变形为:

$$M_{i,t+1}(x_i^t,y_i^t,x_i^{t+1},y_i^{t+1})=\frac{D_i^{t+1}(x_i^{t+1},y_i^{t+1})}{D_i^t(x_i^t,y_i^t)}\cdot\sqrt{\frac{D_i^t(x_i^t,y_i^t)}{D_i^{t+1}(x_i^t,y_i^t)}\cdot\frac{D_i^t(x_i^{t+1},y_i^{t+1})}{D_i^{t+1}(x_i^{t+1},y_i^{t+1})}}$$

$$(5-2)$$

式(5-2)中前半部分定义为技术效率(EF)的变化,第二部分定义为技术进步(TECH)的变化,由此可得到 TFP 的分解:TFP=EFFCH×TECH;EFFCH 可以进一步分解为纯技术效率和规模效率:EFFCH=PECH×SECH。技术进步表示农村金融服务中科技发展或者创新程度,一般认为是外生因素;技术效率是在既定资源约束下资源的配置效率,更加侧重于金融服务的制度安排。TFP>1 表示效率增长;TFP＝1 表示效率维持不变;TFP<1 表示效率衰退。TFP 的变化是由技术效率和技术进步两个因素共同决定的,通过测算不同省份金融服务的效率值,给出河北省在样本中的排名情况,进而分析河北省金融服务效率高低的影响因素,其中包括对 TFP 分解因素的分布情况。TFP 的分解情况 TECH、EFFCH 是上升还是下降,以及技术效率和技术进步对 TFP 的贡献率分别为多少,TFP 的提高主要依赖于技术进步还是依赖于技术效率的提高。

(二)指标选择

1. 投入指标

根据评价原则,我们在投入指标的选取上充分考虑了农村金融的特征,即分散性、小规模,同时也考虑了农村金融的投入的方向性。小型农村金融机构的定位即在于服务农村经济发展,小型机构基本适应了农村地区分散化、小规模经营的特点,通过选取小型农村金融机构的网点数量和从业人员,以体现金融机构在农村地区的覆盖和渗透。按照农村金融的服务对象和资金供求特征,我们选取农户存款和涉农贷款作为体现农村金融投入的方向性特征。农户存款则是从农民户籍属性上界定了资金的性质,涉农贷款是从资金的运用上体现了农村金融服务的对象。

2. 产出指标

根据评价原则,我们在产出指标的选取上考虑了农村金融服务的绩效,即农村金融服务的目的在于促进农村经济发展,金融服务的对象为实体经济,因此,农村产业发展效果是产出的一个维度,我们选取第一产业增加值来衡量金融服务农村实体经济的绩效。经济发展的最终目的是提高人民的生活水平,实现共同富裕,因此,农村金融服务的效果评价主要是看能否促进人民生活水平的提高,衡量农村居民生活水平是否提高的绝对指标是人均收入。恩格尔系数是指食品消费支出在消费总支出中占的比重,用恩格尔系数可以衡量农村居民的生活质量的改善。恩格尔系数越低表示农村居民的生活水平越高。由于恩格尔系数的高低与其他产出指标的方向是相反的,因此,在实际的效率测算中,我们的产出数据是使用1-恩格尔系数来衡量的。

表 5-1　投入和产出的维度和变量指标

类型	维度	指标定义
投入	农村金融机构渗透	小型农村金融机构网点数
		小型农村金融机构从业人员数
	农村金融投入方向性	农户存款
		涉农贷款
产出	农村产业发展效果	第一产业增加值
	农民生活水平改善	农村居民人均收入
		农村居民恩格尔系数

(三)数据实现

笔者选取河北等 27 个省(市、自治区)2005—2017 年 13 个年份的数据为研究对象。考虑到北京市、天津市、上海市的城市化水平较高,第一产业在国民经济中的比重较小,所以未被选入样本,重庆市虽然是直辖市,但是辖区农业人口数量和农村数量较多,所以选入研究样本;西藏自治区由于数据获得较为困难,且金融不发达,故也未选入;港澳台地区由于统计口径和数据获得的原因,故也未选入样本。27 个省(市、自治区)中涵盖了我国较为重要的农业大省,所以样本选取足够说明本研究的问题。

(1)各省(市、自治区)第一产业增加值:根据各省(市、自治区)历年的《统计年鉴》整理得到。

(2)农村人均收入指标:由于国家关于农村居民收入统计制度的变化,2013—2018 年取自农村居民可支配收入,数据来源于 wind 数据库;

2013 年以前取自农村人均纯收入指标,数据来源于中经网数据库。

(3)恩格尔系数:2005—2017 年大部分数据取自 wind 数据库。由于部分数据缺失,因而做以下处理:湖北省 2014—2017 年数据取自《湖北统计年鉴》;天津市、上海市、浙江省、福建省、山东省、河南省、湖南省、广东省、云南省、西藏自治区、陕西省、宁夏回族自治区、新疆维吾尔自治区、青海省 2014—2017 年数据根据各省农村人均消费支出与食品烟酒支出数据整理所得,数据来源于各省《统计年鉴》;2005—2013 年江西省农村居民恩格尔系数由当年食品支出占生活消费支出比重计算而得,数据源自《江西统计年鉴》,2015 年、2016 年数据根据中经网各省农村人均消费支出与食品烟酒支出数据整理所得;2005—2013 年西藏自治区、上海市农村居民恩格尔系数由当年食品支出占人均生活消费支出比重计算而得,数据源自 wind 数据库,最终测算时,剔除了西藏自治区与上海市的数据;2005—2009 年宁夏回族自治区农村居民恩格尔系数由当年食品支出占人均生活消费支出比重计算而得,数据源自 wind 数据库。2010 年天津市、2009 年山西省、2008—2009 年湖南省农村居民恩格尔系数由当年食品支出占人均生活消费支出比重计算而得,数据源自 wind 数据库。投入产出数据中投入和产出具有正相关性,所以在实际测算生产效率中,我们把投入指标中的恩格尔系数稍作改动,变为 1-恩格尔系数,这样表明该指标越大,说明金融服务效率越高。

(4)小型农村金融机构:海南省 2017 年数据由海南历年数据求平均增长率估算得到;河南省 2016 年数据由 2017 年与 2015 年数据求平均数得到;其他省份历年小型农村金融机构数据取自 wind 数据库。从业人员数据取自 wind 数据库。

(5)农户存款:2005—2014 年数据选自各省(市、自治区)农户储蓄存款,数据来自 wind 数据库;青海省 2005—2014 年农户储蓄存款数据来源于《中国金融年鉴》;农户储蓄存款数据自 2015 年开始不再统计,因此 2015—2017 年按照农村居民人均可支配收入增速来估算农户储蓄。

　　(6)涉农贷款:2009—2017 年选自各省市涉农贷款指标,数据来自 wind 数据库;2009 年以前我国未专门统计涉农贷款指标,所以 2005—2009 年数据是由各地区农村信用社贷款余额、农业银行涉农贷款余额与农业发展银行贷款余额加总得到,这也是考虑到这三家金融机构在农村金融服务中的主体作用。其中,2005 年农业银行数据取自《中国农业银行统计年鉴 2002—2006》;由于 2006—2008 年农业银行农业贷款数据缺失,所以,此间数据为估算数据,估算方法如下:由中国农业银行年报中可以计算出全年贷款余额增速,按照相关政策要求,涉农贷款余额增速要高于全年贷款增速,以 2005 年为基准,按全年贷款余额增速来估算各地区农业银行 2006 年涉农贷款余额,数据来源于中国农业银行年报;重庆市缺失 2005—2008 年农信社贷款数据,由 wind 数据库中重庆农商行(前身为重庆农村信用社)不良贷款与不良贷款率来测算全年贷款余额。

(四)投入产出数据矩阵

1. 原始数据矩阵

　　根据指标选取原则和数据可获得性,我们构建了以下投入产出矩阵。

表 5-2　2005 年各省(市、自治区)投入和产出数据整理

省(市、自治区)	产出			投入			
	第一产业增加值/亿元	农村居民人均收入/元	农村居民恩格尔系数/%	小型农村金融机构从业人员/人	小型农村金融机构网点/个	农户存款/亿元	涉农贷款/亿元
河北省	1503.07	3481.64	41.02	37063	5024	2023.41	1815.96
山西省	262.42	2890.66	44.20	28340	3170	976.76	1013.52
内蒙古自治区	589.56	2988.87	45.14	18149	2736	335.56	527.45
辽宁省	882.41	3690.21	41.60	28245	2773	806.30	1173.57
吉林省	625.61	3263.99	43.50	21107	1768	354.56	978.23

省（市、自治区）	产出			投入			
	第一产业增加值/亿元	农村居民人均收入/元	农村居民恩格尔系数/%	小型农村金融机构从业人员/人	小型农村金融机构网点/个	农户存款/亿元	涉农贷款/亿元
黑龙江省	684.60	3221.27	36.30	18115	1431	368.95	1034.67
江苏省	1461.49	5276.29	44.00	33292	3284	1740.36	1555.87
浙江省	892.83	6659.95	38.60	37024	3902	2121.80	1102.26
安徽省	966.49	2640.96	45.50	26982	1190	722.28	1063.18
福建省	841.20	4450.36	46.10	15870	2042	486.75	533.01
江西省	727.37	3128.89	49.14	21158	2889	530.31	730.74
山东省	1963.51	3930.55	39.76	67707	5878	2284.19	2555.41
河南省	1892.01	2870.58	45.40	53127	6349	1488.11	2141.70
湖北省	1082.13	3099.20	49.06	27226	2815	554.63	989.33
湖南省	1274.15	3117.74	52.00	32886	4935	902.65	1061.20
广东省	1428.27	4690.49	48.30	55702	6238	3374.12	2613.59
广西壮族自治区	912.50	2494.67	50.50	19329	2366	463.10	509.11
海南省	300.75	3004.03	57.60	2816	400	75.66	103.90
重庆市	463.40	2809.32	52.80	12326	2091	547.89	73.67
四川省	1481.14	2802.78	54.70	40484	6666	1172.55	1400.36
贵州省	368.94	1876.96	52.81	11724	2038	252.42	315.71
云南省	669.81	2041.79	54.54	17800	1444	513.54	626.67
陕西省	435.77	2052.63	42.90	19701	3161	602.61	735.45
甘肃省	308.06	1979.88	47.20	11871	2419	234.64	394.92
宁夏回族自治区	72.08	2508.89	44.04	3617	390	106.59	158.55
新疆维吾尔自治区	509.99	2482.15	41.80	9800	1235	214.49	508.27
青海省	65.34	2151.46	45.13	2105	394	24.53	46.89

表 5-3　2006 年各省(市、自治区)投入和产出数据整理

省(市、自治区)	产出			投入			
	第一产业增加值/亿元	农村居民人均收入/元	农村居民恩格尔系数/%	小型农村金融机构从业人员/人	小型农村金融机构网点/个	农户存款/亿元	涉农贷款/亿元
河北省	1606.48	3801.82	36.69	37868	5063	2209.50	2105.30
山西省	276.77	3180.92	38.50	26724	3138	1104.93	1158.47
内蒙古自治区	649.62	3341.88	41.00	18225	2584	405.22	658.24
辽宁省	976.37	4090.40	41.20	29341	2571	887.44	1349.84
吉林省	672.76	3641.13	40.10	24564	1820	493.62	1193.58
黑龙江省	737.59	3552.43	35.30	17308	1396	411.37	1100.71
江苏省	1545.01	5813.23	41.80	23617	2115	1997.98	1711.15
浙江省	925.10	7334.81	37.20	37845	3852	2487.57	1195.41
安徽省	1028.66	2969.08	43.17	26185	3239	847.67	1226.91
福建省	896.17	4834.75	45.20	15372	1766	574.09	613.50
江西省	786.14	3459.53	49.02	22380	2791	626.04	768.93
山东省	2138.90	4368.33	37.89	55739	5775	2690.45	2789.32
河南省	2049.92	3261.03	40.90	50649	5752	1739.66	2627.13
湖北省	1140.41	3419.35	46.80	25325	2312	622.61	1076.97
湖南省	1332.23	3389.62	48.60	31501	4320	1045.17	1138.82
广东省	1577.12	5079.78	48.60	57811	6451	3962.60	3071.66
广西壮族自治区	1032.47	2770.48	49.50	19239	2360	598.47	626.32
海南省	344.48	3255.53	53.40	2832	358	87.10	115.24
重庆市	425.81	2873.83	52.20	12350	1843	656.35	657.99
四川省	1595.48	3002.38	50.80	41148	6666	1384.44	1604.69
贵州省	393.17	1984.62	51.53	13122	1980	344.27	433.63
云南省	749.81	2250.46	48.78	17700	335	658.24	701.44
陕西省	488.48	2260.19	39.00	19106	3074	720.45	860.70
甘肃省	333.35	2134.05	46.67	11416	2358	286.63	446.69
宁夏回族自治区	79.54	2760.14	41.35	3790	366	123.55	188.35
新疆维吾尔自治区	527.80	2737.28	39.90	9702	1089	257.37	527.38
青海省	69.64	2358.37	44.16	2083	375	30.29	55.84

表 5-4 2007 年各省（市、自治区）投入和产出数据整理

省（市、自治区）	产出			投入			
	第一产业增加值/亿元	农村居民人均收入/元	农村居民恩格尔系数/%	小型农村金融机构从业人员/人	小型农村金融机构网点/个	农户存款/亿元	涉农贷款/亿元
河北省	1804.72	4293.43	36.81	51427	4941	2520.49	2433.64
山西省	269.68	3665.66	38.50	26839	1829	1308.33	1357.25
内蒙古自治区	762.1	3953.10	41.00	19187	2461	495.79	772.15
辽宁省	1133.4	4773.43	39.60	29797	2550	980.40	1565.66
吉林省	783.8	4191.34	40.00	22255	1710	584.22	1327.81
黑龙江省	915.38	4132.29	34.60	23167	1985	502.68	1193.70
江苏省	1816.24	6561.01	41.60	34625	3106	2251.99	1918.61
浙江省	986.02	8265.15	36.40	39549	3878	2708.02	1407.55
安徽省	1200.18	3556.27	43.30	23834	3154	998.58	1389.80
福建省	1002.11	5467.08	46.10	16268	1870	651.93	700.67
江西	905.77	4044.70	49.82	22270	2411	729.00	893.05
山东省	2509.14	4985.34	37.81	56646	5606	3209.25	3270.73
河南省	2217.66	3851.60	38.00	49377	5677	1963.22	3010.73
湖北省	1378	3997.48	47.87	26811	2358	731.84	1272.50
湖南省	1626.52	3904.20	49.60	33248	4285	1256.67	1277.75
广东省	1695.57	5624.04	49.70	58823	6224	4334.58	3596.46
广西壮族自治区	1241.35	3224.05	50.20	19305	2275	721.32	825.55
海南省	361.07	3791.37	56.00	2819	385	99.88	134.91
重庆市	482.39	3509.29	54.50	11360	1584	773.36	794.30
四川省	2032	3546.69	52.30	44251	5879	1640.43	1932.33
贵州省	446.38	2373.99	52.17	13797	1982	447.59	564.82
云南省	837.35	2634.09	46.50	18989	2435	795.99	908.75
陕西省	592.63	2644.69	36.80	19537	2934	834.28	1012.88
甘肃省	385.97	2328.92	46.80	10991	2337	361.94	533.79
宁夏回族自治区	97.89	3180.84	40.31	3968	367	130.40	227.06
新疆维吾尔自治区	628.72	3182.97	39.90	9666	1074	286.94	623.08
青海省	83.41	2683.78	44.36	2214	365	42.69	109.40

表 5-5　2008 年各省（市、自治区）投入和产出数据整理

省（市、自治区）	产出			投入			
	第一产业增加值/亿元	农村居民人均收入/元	农村居民恩格尔系数/%	小型农村金融机构从业人员/人	小型农村金融机构网点/个	农户存款/亿元	涉农贷款/亿元
河北省	2034.60	4795.46	38.17	49040	4872	3114.50	2652.08
山西省	302.48	4097.24	39.00	26184	2532	1658.02	1522.62
内蒙古自治区	906.98	4656.18	42.50	21835	2343	654.48	941.75
辽宁省	1302.00	5576.48	40.60	32875	2513	1189.32	1748.73
吉林省	916.70	4932.74	39.60	22046	1649	789.36	1562.37
黑龙江省	1089.10	4855.59	33.00	23822	2004	671.11	1475.49
江苏省	2100.00	7356.47	41.30	35271	3039	2881.92	2129.49
浙江省	1095.43	9257.93	38.00	40926	3895	3498.09	1334.32
安徽省	1418.08	4202.49	44.30	27654	2965	1228.26	1514.97
福建省	1157.75	6196.07	46.40	16500	1841	835.24	859.05
江西省	1060.38	4697.19	49.35	20255	2559	927.44	1089.87
山东省	3002.65	5641.43	38.06	56190	5498	4149.86	3709.33
河南省	2658.80	4454.24	38.30	51580	5486	2394.57	3388.03
湖北省	1780.00	4656.38	46.85	26466	2215	900.92	1437.28
湖南省	2007.40	4512.46	51.18	33322	4115	1573.86	1516.96
广东省	1970.23	6399.79	49.00	60276	5964	5264.13	4104.82
广西壮族自治区	1453.90	3690.34	53.40	20649	2163	899.88	934.85
海南省	437.61	4389.97	53.40	3110	385	119.77	152.19
重庆市	575.40	4126.21	53.30	12631	1805	975.57	1005.47
四川省	2366.15	4121.21	52.00	38899	5276	2153.64	2347.75
贵州省	547.85	2796.93	51.70	14899	1982	589.81	709.42
云南省	1020.94	3102.60	49.60	18776	2354	1003.12	1170.62
陕西省	753.72	3136.46	37.40	19598	2885	1121.01	1156.17
甘肃省	463.00	2723.79	47.17	13906	2149	507.06	588.36
宁夏回族自治区	120.11	3681.42	41.63	4406	361	165.05	268.60
新疆维吾尔自治区	691.10	3502.90	42.50	9783	1026	354.69	710.22
青海省	105.58	3061.24	43.64	2134	345	56.20	140.97

表5-6 2009年各省(市、自治区)投入和产出数据整理

省(市、自治区)	产出			投入			
	第一产业增加值/亿元	农村居民人均收入/元	农村居民恩格尔系数/%	小型农村金融机构从业人员/人	小型农村金融机构网点/个	农户存款/亿元	涉农贷款/亿元
河北省	2207.34	5149.67	35.69	49614	4791	3546.22	4010.37
山西省	477.59	4244.10	37.06	33799	2932	1865.51	2423.29
内蒙古自治区	929.60	4937.80	41.70	24551	2244	823.10	1530.77
辽宁省	1414.90	5958.00	36.70	32473	2443	1361.76	2251.99
吉林省	980.57	5265.91	35.13	22436	1633	904.49	1686.77
黑龙江省	1154.33	5206.76	31.40	23972	1999	760.75	2067.82
江苏省	2261.86	8003.54	39.20	36215	3009	3416.88	11556.90
浙江省	1163.08	10007.31	37.40	42017	3916	4189.78	14125.17
安徽省	1495.45	4504.32	40.90	27612	2945	1437.08	2314.12
福建省	1182.74	6680.18	45.90	17174	1832	983.11	3461.15
江西省	1098.66	5075.01	45.55	20994	2531	1144.90	2173.75
山东省	3226.64	6118.77	36.60	57232	5311	4764.21	9202.68
河南省	2769.05	4806.95	36.00	46712	5367	2765.44	4699.54
湖北省	1795.90	5035.26	44.78	27197	2228	1099.30	2242.76
湖南省	1969.69	4909.04	48.93	36535	4133	1869.80	2594.23
广东省	2010.27	6906.93	48.30	62346	5772	5934.04	3917.76
广西壮族自治区	1458.49	3980.44	48.70	21566	2263	1142.03	1907.76
海南省	462.19	4744.36	53.10	3170	388	148.41	360.92
重庆市	606.80	4478.35	49.10	12552	1767	446.70	1570.64
四川省	2240.61	4462.05	42.00	39599	5622	1169.03	4443.68
贵州省	550.27	3005.41	45.17	17594	2012	2582.91	1480.64
云南省	1067.60	3369.34	48.20	19385	2306	723.74	2936.58
陕西省	789.64	3437.55	35.10	20062	2751	1384.56	1561.41
甘肃省	497.05	2980.10	41.28	14421	2185	1364.26	1186.04
宁夏回族自治区	127.25	4048.33	41.68	4694	365	75.06	588.15
新疆维吾尔自治区	759.74	3883.10	41.60	9896	986	205.61	1609.74
青海省	107.40	3346.15	38.05	2262	309	78.21	457.12

表 5-7　2010 年各省(市、自治区)投入和产出数据整理

省(市、自治区)	产出			投入			
	第一产业增加值/亿元	农村居民人均收入/元	农村居民恩格尔系数/%	小型农村金融机构从业人员/人	小型农村金融机构网点/个	农户存款/亿元	涉农贷款/亿元
河北省	2562.81	5957.98	35.15	50032	4857	4158.38	5149.32
山西省	554.48	4736.25	37.50	34099	2952	2171.85	3283.56
内蒙古自治区	1095.28	5529.59	38.80	29191	2264	1042.25	2414.49
辽宁省	1631.08	6907.93	38.20	31047	2426	1605.06	2990.19
吉林省	1050.15	6237.44	36.70	24899	1795	1006.31	2056.17
黑龙江省	1302.90	6210.72	33.80	23224	1945	918.85	2754.96
江苏省	2540.10	9118.24	38.10	36761	3071	4069.92	14939.60
浙江省	1360.56	11302.55	35.50	43682	4017	4962.89	17851.39
安徽省	1729.02	5285.17	40.70	29227	2943	1768.71	3093.29
福建省	1363.67	7426.86	46.10	17461	1826	1179.40	4561.80
江西省	1206.98	5788.56	46.34	21590	2429	1454.15	2696.97
山东省	3588.28	6990.28	37.50	59355	5270	5607.27	11590.77
河南省	3258.09	5523.73	37.20	58507	5341	3234.85	5997.08
湖北省	2147.00	5832.27	43.10	26908	2163	1403.09	2985.11
湖南省	2325.50	5621.96	48.40	36238	4048	2211.32	3109.96
广东省	2286.98	7890.25	47.70	62188	5755	6961.63	4555.57
广西壮族自治区	1675.06	4543.41	48.50	21171	2266	1502.83	2556.02
海南省	539.83	5275.37	50.00	3167	388	210.82	538.45
重庆市	685.38	5276.66	48.30	14478	1743	1451.06	1970.52
四川省	2482.89	5086.89	48.27	59464	5635	3089.60	5799.89
贵州省	625.03	3471.93	46.26	19518	2016	927.04	2088.14
云南省	1108.38	3952.03	47.20	19933	2382	1660.86	3604.94
陕西省	988.45	4104.98	34.20	20056	2918	1648.11	1952.23
甘肃省	599.28	3424.65	44.70	14885	2087	856.09	1648.00
宁夏回族自治区	159.29	4674.89	38.40	5134	371	270.10	738.89
新疆维吾尔自治区	1078.63	4642.67	40.30	10698	1011	598.09	2278.59
青海省	134.92	3862.68	39.57	2209	337	100.21	641.25

表5-8　2011年各省(市、自治区)投入和产出数据整理

省(市、自治区)	产出			投入			
	第一产业增加值/亿元	农村居民人均收入/元	农村居民恩格尔系数/%	小型农村金融机构从业人员/人	小型农村金融机构网点/个	农户存款/亿元	涉农贷款/亿元
河北省	2905.73	7119.69	33.53	50938	4814	4942.68	6805.83
山西省	641.42	5601.40	37.71	34778	2967	2597.66	4391.87
内蒙古自治区	1306.30	6641.56	39.30	27061	2276	1372.48	3128.55
辽宁省	1915.57	8296.54	39.10	27905	2474	1933.24	3864.73
吉林省	1277.44	7509.95	35.30	21459	1553	1118.62	2254.24
黑龙江省	1701.50	7590.68	35.12	23108	1950	1105.10	3301.52
江苏省	3064.77	10804.95	38.50	38910	2982	4653.77	17992.21
浙江省	1583.04	13070.69	37.60	44638	4078	5800.09	21177.82
安徽省	2015.31	6232.21	41.10	29850	3031	2240.42	4045.06
福建省	1612.24	8778.55	46.40	17428	1852	1414.03	5745.16
江西省	1391.07	6891.63	45.20	22111	2533	1844.87	3336.25
山东省	3973.85	8342.13	35.71	67251	5189	6517.67	14131.53
河南省	3512.24	6604.03	36.10	48269	5336	3838.64	7103.51
湖北省	2569.30	6897.92	39.01	27690	2148	1743.31	3781.22
湖南省	2768.03	6567.06	45.24	37532	4088	2667.60	3943.79
广东省	2665.20	9371.73	49.10	66108	5776	7969.37	5515.81
广西壮族自治区	2047.23	5231.33	43.80	22545	2277	1889.80	3197.25
海南省	659.23	6446.01	51.81	3775	404	269.36	764.08
重庆市	844.52	6480.41	46.80	15220	1765	1778.15	2416.38
四川省	2983.51	6128.55	46.24	60092	5782	3866.50	7307.63
贵州省	726.22	4145.35	47.70	20830	2082	1207.12	2643.16
云南省	1411.01	4721.99	47.10	19604	2378	2107.68	4192.83
陕西省	1220.90	5027.87	30.00	23984	2937	1993.43	2536.53
甘肃省	678.75	3909.37	42.24	14776	2269	1087.44	2067.35
宁夏回族自治区	184.14	5409.95	37.29	5156	380	327.49	928.05
新疆维吾尔自治区	1139.03	5442.15	36.10	9845	1081	766.08	3058.36
青海省	155.08	4608.46	37.83	2399	357	133.02	829.91

表 5-9　2012 年各省(市、自治区)投入和产出数据整理

省(市、自治区)	产出			投入			
	第一产业增加值/亿元	农村居民人均收入/元	农村居民恩格尔系数/%	小型农村金融机构从业人员/人	小型农村金融机构网点/个	农户存款/亿元	涉农贷款/亿元
河北省	3186.66	8081.39	33.87	51906	4610	5765.05	8412.00
山西省	698.32	6356.63	33.42	37792	2856	3055.05	5402.00
内蒙古自治区	1448.58	7611.31	39.00	28800	2294	1705.68	3967.00
辽宁省	2155.82	9383.72	38.40	28951	2364	2299.37	4800.00
吉林省	1412.11	8598.17	36.70	21511	1556	1307.95	2660.00
黑龙江省	2113.66	8603.85	37.90	25085	1960	1329.63	3909.00
江苏省	3418.29	12201.95	37.40	41498	3032	5741.91	20781.00
浙江省	1667.88	14551.92	37.10	47750	4179	6890.21	25011.00
安徽省	2178.73	7160.46	39.25	30737	2946	2815.49	5117.00
福建省	1776.71	9967.17	46.00	18703	1870	1735.99	7124.00
江西省	1520.23	7829.43	43.52	22591	2517	2313.05	4187.00
山东省	4281.70	9446.54	34.26	67803	5188	7765.94	16760.00
河南省	3769.54	7524.94	33.80	57440	5279	4724.35	8304.00
湖北省	2848.77	7851.71	37.60	28289	2102	2167.04	4632.00
湖南省	3004.21	7440.17	43.86	38144	4080	3189.23	4701.00
广东省	2847.26	10542.84	49.10	69468	5704	9172.58	6630.00
广西壮族自治区	2172.37	6007.55	42.80	23248	2293	2317.36	3955.00
海南省	711.54	7408.00	50.89	4080	406	356.59	1004.00
重庆市	940.01	7383.27	44.20	15877	1765	2152.91	2803.00
四川省	3297.21	7001.43	46.85	63188	5788	4844.27	9003.00
贵州省	891.91	4753.00	44.61	21643	2118	1525.88	3111.00
云南省	1654.55	5416.54	45.60	20699	2382	2615.27	4914.00
陕西省	1370.16	5762.52	29.72	23687	2184	2456.63	3125.00
甘肃省	780.50	4506.66	39.76	16453	363	1346.81	2640.00
宁夏回族自治区	199.40	6180.32	35.34	5344	383	444.39	1135.00
新疆维吾尔自治区	1320.57	6393.68	36.10	10533	1012	1007.18	3878.00
青海省	176.91	5364.38	34.81	3416	198	172.16	1010.00

表 5-10　2013 年各省（市、自治区）投入和产出数据整理

省（市、自治区）	产出			投入			
	第一产业增加值/亿元	农村居民人均收入/元	农村居民恩格尔系数/%	小型农村金融机构从业人员/人	小型农村金融机构网点/个	农户存款/亿元	涉农贷款/亿元
河北省	3500.42	9187.71	29.89	48976	4840	6590.06	10153.71
山西省	773.81	7949.47	33.00	40130	3418	3646.16	6656.47
内蒙古自治区	1599.41	8984.92	37.49	27902	2310	1986.12	4881.01
辽宁省	2321.63	10161.21	32.90	31744	2381	2627.26	5880.43
吉林省	1509.34	9780.68	33.00	21453	2442	1526.00	3424.78
黑龙江省	2516.79	9369.01	35.20	27159	1969	1599.72	4668.84
江苏省	3646.08	13521.29	36.31	43358	3078	7114.58	22684.80
浙江省	1784.62	17493.92	35.60	51418	4201	8118.43	28371.93
安徽省	2348.09	8850.00	39.65	31559	3014	3505.36	6323.96
福建省	1936.31	11404.85	44.20	19787	1896	2068.42	8521.85
江西省	1636.49	9088.78	42.25	23476	2531	2797.98	5118.53
山东省	4742.63	10686.86	34.50	70771	5152	8991.61	19192.38
河南省	4058.98	8969.11	34.40	58469	5271	5670.52	9949.02
湖北省	3098.16	9691.80	36.80	29925	2212	2701.84	5620.51
湖南省	3099.23	9028.55	38.40	38389	4050	3782.80	5837.53
广东省	3047.51	11067.79	49.00	74228	5800	10484.27	7956.60
广西壮族自治区	2343.57	7793.08	40.00	23997	2312	2749.87	4776.81
海南省	756.47	8801.73	49.50	4401	425	441.73	1072.29
重庆市	1016.74	8492.55	43.80	16278	1769	2537.14	3384.88
四川省	3425.61	8380.69	43.50	66515	5805	5928.99	10755.00
贵州省	1029.05	5897.77	42.96	22883	2226	2064.66	3835.44
云南省	1895.34	6723.64	44.20	21237	2383	3182.94	5591.03
陕西省	1526.05	7092.20	31.80	25054	2940	2972.24	4292.23
甘肃省	879.37	5588.78	37.08	17335	2242	1675.91	3332.26
宁夏回族自治区	222.98	7598.67	31.20	5624	385	527.51	1421.33
新疆维吾尔自治区	1468.29	7846.59	33.90	11732	1062	1185.43	4695.09
青海省	207.59	6461.59	30.89	3558	373	211.79	1319.93

表 5-11　2014 年各省(市、自治区)投入和产出数据整理

省(市、自治区)	产出			投入			
	第一产业增加值/亿元	农村居民人均收入/元	农村居民恩格尔系数/%	小型农村金融机构从业人员/人	小型农村金融机构网点/个	农户存款/亿元	涉农贷款/亿元
河北省	3447.46	10186.14	29.36	47598	4848	7484.91	11758
山西省	788.89	8809.44	29.40	36810	3153	4036.22	7402
内蒙古自治区	1627.85	9976.30	30.60	27604	2236	2204.53	5579
辽宁省	2285.75	11191.49	28.34	29779	2222	2970.73	6639
吉林省	1524.01	10780.12	29.60	22789	1574	1766.01	4257
黑龙江省	2611.36	10453.20	28.20	27846	1981	2014.93	5724
江苏省	3634.33	14958.44	31.40	45559	3169	8363.06	24182
浙江省	1777.18	19373.28	31.85	58664	4482	9060.87	28911
安徽省	2392.39	9916.42	35.60	31350	3054	4201.98	7418
福建省	2014.80	12650.19	38.20	20179	1907	2390.87	10141
江西省	1683.72	10116.58	36.50	24672	2544	3269.71	6132
山东省	4798.36	11882.26	31.00	73442	5007	10217.97	21649
河南省	4160.01	9966.07	29.60	60658	5268	6518.78	11710
湖北省	3176.89	10849.06	31.40	30382	2192	3217.62	6576
湖南省	3148.75	10060.17	34.30	38751	4046	4453.63	6719
广东省	3166.82	12245.56	39.50	71959	5794	11549.48	8983
广西壮族自治区	2413.44	8683.18	36.90	24957	2351	3219.78	5479
海南省	809.52	9912.57	43.20	5124	434	534.01	1246
重庆市	1061.03	9489.82	40.50	16362	1770	2990.61	3940
四川省	3531.05	9347.74	39.75	67970	5831	7097.46	12379
贵州省	1280.45	6671.22	41.70	25415	2264	2366.06	4848
云南省	1990.07	7456.13	35.60	21725	2387	3614.98	6234
陕西省	1564.94	7932.21	29.12	24410	2842	3407.19	4803
甘肃省	900.76	6276.59	37.56	18559	2269	1928.02	4142
宁夏回族自治区	216.99	8410.02	29.91	5598	385	603.22	1626
新疆维吾尔自治区	1538.60	8723.83	34.49	12202	1079	1277.67	5451
青海省	215.93	7282.73	31.89	3534	376	250.53	1543

表 5-12　2015 年各省(市、自治区)投入和产出数据整理

省(市、自治区)	产出			投入			
	第一产业增加值/亿元	农村居民人均收入/元	农村居民恩格尔系数/%	小型农村金融机构从业人员/人	小型农村金融机构网点/个	农户存款/亿元	涉农贷款/亿元
河北省	3439.45	11050.51	28.57	47915	4876	8120.06	13388.72
山西省	783.16	9453.91	29.00	42116	3058	4331.50	8245.73
内蒙古自治区	1617.42	10775.89	29.30	27470	2337	2381.22	6560.42
辽宁省	2384.03	12056.87	28.16	31853	2208	3200.44	7395.95
吉林省	1596.28	11326.17	29.00	24558	1594	1855.46	5331.59
黑龙江省	2633.50	11095.22	27.50	28571	1984	2138.68	7312.90
江苏省	3986.05	16256.70	31.66	47736	3241	9088.90	26128.47
浙江省	1832.91	21125.00	31.20	49839	4237	9880.15	30382.83
安徽省	2456.69	10820.73	35.80	32919	3083	4585.17	8522.93
福建省	2118.10	13792.70	37.57	20573	1929	2606.80	11315.28
江西省	1772.98	11139.08	36.20	26752	2549	3600.19	7188.41
山东省	4979.08	12930.37	30.42	68795	5620	11119.28	23378.79
河南省	4209.56	10852.86	29.18	58947	5281	7098.83	13508.15
湖北省	3309.84	11843.89	30.10	31244	2101	3512.67	7702.22
湖南省	3331.62	10992.55	32.90	38245	4032	4866.39	7887.32
广东省	3345.54	13360.44	40.60	74459	5854	12600.99	9269.52
广西壮族自治区	2565.45	9466.58	35.40	24368	2367	3510.27	6002.66
海南省	854.72	10857.55	42.70	5667	452	584.92	1436.18
重庆市	1150.15	10504.71	40.00	16767	1769	3310.44	4375.12
四川省	3677.30	10247.35	39.12	67437	5851	7780.51	13804.72
贵州省	1640.61	7386.87	39.80	26963	2309	2619.88	6003.31
云南省	2055.78	8242.08	36.41	21499	2376	3996.03	7135.47
陕西省	1597.63	8688.91	27.84	23099	2938	3732.22	5454.38
甘肃省	954.09	6936.21	32.86	18748	2300	2130.64	5274.41
宁夏回族自治区	237.76	9118.69	29.15	5752	386	654.05	1685.53
新疆维吾尔自治区	1559.08	9425.08	34.07	12932	1128	1380.37	5823.26
青海省	208.93	7933.41	29.93	3985	345	272.91	1825.25

表5-13　2016年各省（市、自治区）投入和产出数据整理

省（市、自治区）	产出			投入			
	第一产业增加值/亿元	农村居民人均收入/元	农村居民恩格尔系数/%	小型农村金融机构从业人员/人	小型农村金融机构网点/个	农户存款/亿元	涉农贷款/亿元
河北省	3492.81	11919.35	28.02	47601	4881	8758.50	13054
山西省	784.78	10082.45	28.30	37703	3164	4619.47	8691
内蒙古自治区	1637.39	11609.00	29.30	27041	2434	2565.32	7492
辽宁省	2173.06	12880.71	26.91	32696	2186	3419.13	7677
吉林省	1498.52	12122.94	28.60	24989	1613	1985.99	6110
黑龙江省	2670.46	11831.85	27.70	29689	1971	2280.67	7993
江苏省	4077.18	17605.64	29.50	49316	3288	9843.07	28271
浙江省	1965.18	22866.07	31.80	51338	4236	10694.45	30079
安徽省	2567.72	11720.47	34.20	32867	3110	4966.43	9665
福建省	2363.22	14999.19	37.32	20487	1923	2834.83	11700
江西省	1904.53	12137.72	35.29	28821	2497	3922.95	8432
山东省	4929.13	13954.06	29.76	67000	5127	11999.58	24688
河南省	4286.21	11696.74	28.50	58532	5279	7650.81	14913
湖北省	3659.33	12724.97	30.10	30703	2151	3773.98	9027
湖南省	3578.37	11930.41	31.70	40164	4047	5281.58	8960
广东省	3694.37	14512.15	40.40	75117	5973	13687.23	9733
广西壮族自治区	2796.80	10359.47	34.50	24699	2383	3841.36	6765
海南省	948.35	11842.86	43.20	6022	460	638.00	1429
重庆市	1303.24	11548.79	38.68	16140	1774	3639.47	4677
四川省	3929.33	11203.13	38.14	67892	5869	8506.20	15199
贵州省	1846.19	8090.28	38.70	27726	2333	2869.35	7258
云南省	2195.11	9019.81	35.28	21691	2338	4373.10	8006
陕西省	1693.85	9396.45	26.93	25584	2841	4036.14	5858
甘肃省	983.39	7456.85	31.29	19053	2312	2290.57	6266
宁夏回族自治区	241.60	9851.63	26.47	5796	388	706.62	1817
新疆维吾尔自治区	1648.97	10183.18	31.70	13299	1149	1491.40	6359
青海省	221.19	8664.36	29.44	4344	376	298.06	1995

表 5-14　2017 年各省（市、自治区）投入和产出数据整理

省（市、自治区）	产出			投入			
	第一产业增加值/亿元	农村居民人均收入/元	农村居民恩格尔系数/%	小型农村金融机构从业人员/人	小型农村金融机构网点/个	农户存款/亿元	涉农贷款/亿元
河北省	3129.98	12880.94	26.74	47501	4901	9465.08	14196.12
山西省	719.16	10787.51	27.40	39753	3172	4942.51	9752.67
内蒙古自治区	1649.77	12584.29	27.90	27496	2320	2780.84	8363.03
辽宁省	1902.28	13746.80	26.70	30081	2186	3649.03	7738.59
吉林省	1095.36	12950.44	28.20	36752	1626	2121.55	6039.30
黑龙江省	2965.25	12664.82	26.50	29788	1961	2441.24	8518.26
江苏省	4045.16	19158.03	28.90	50331	3331	10710.99	31079.76
浙江省	1933.92	24955.77	31.00	51337	4183	11671.80	32572.94
安徽省	2582.27	12758.22	33.55	33322	3128	5406.16	11118.47
福建省	2215.13	16334.79	36.86	20469	1926	3087.25	12586.67
江西省	1835.26	13241.82	33.58	27258	2496	4279.80	10357.60
山东省	4832.71	15117.54	28.62	66927	5059	13000.10	25819.40
河南省	4139.29	12719.18	27.10	58116	5277	8319.58	16656.64
湖北省	3528.96	13812.09	28.60	31643	2181	4096.40	10322.24
湖南省	2998.40	12935.78	30.53	40054	4055	5726.66	10386.69
广东省	3611.44	15779.74	40.18	75095	5970	14882.76	10840.23
广西壮族自治区	2878.30	11325.46	32.20	25020	2392	4199.55	7798.48
海南省	962.84	12901.76	41.90	6462	473	695.04	1471.70
重庆市	1276.09	12637.91	36.50	15789	1775	3982.70	5071.34
四川省	4262.35	12226.92	37.16	67701	5896	9283.54	16047.56
贵州省	2032.27	8869.10	38.00	27494	2347	3145.57	8747.10
云南省	2338.37	9862.17	32.55	21842	2306	4781.51	8996.48
陕西省	1741.45	10264.51	25.98	24732	2940	4409.00	6594.58
甘肃省	859.75	8076.06	30.36	19326	2288	2480.77	6692.56
宁夏回族自治区	250.62	10737.89	25.28	5630	386	770.19	2160.04
新疆维吾尔自治区	1551.84	11045.30	30.61	13344	1137	1617.67	7489.01
青海省	238.41	9462.30	30.19	4306	353	325.51	2255.34

2. 数据归一化处理

由于投入产出数据量纲不一致,投入产出测算对指标的量纲并没有要求,因此,未避免测算失准,我们对原始数据矩阵做归一化处理。在投入产出测算中,如果投入量多,产出少,则说明投入产出的效率较低;如果投入少,产出多,则认为是投入产出效率较高。在矩阵中,某指标有最大值、最小值和平均值,这些数值可以反映某指标序列中,哪一个省(市、自治区)的投入产出较高或较低,因此,我们以某指标序列中的最大值为参考,设定阈值,其他数据按照占最大值比重重新计算,最大值设定为1。即我们的归一化方法如下:

$$y_i = \frac{x_i}{\max x_i}$$
$$(1 \ll i \ll 27)$$

按照上述方法对原始数据矩阵进行归一化处理结果,见表 5-15—表 5-26。

表 5-15　2005 年投入和产出数据归一化结果

Firm	Output1	Output2	Output3	Input1	Input2	Input3	Input4
1	0.7655	0.5228	0.9259	0.5474	0.7537	0.5997	0.5997
2	0.1336	0.4340	0.8760	0.4186	0.4755	0.2895	0.2895
3	0.3003	0.4488	0.8612	0.2681	0.4104	0.0995	0.0995
4	0.4494	0.5541	0.9168	0.4172	0.4160	0.2390	0.2390
5	0.3186	0.4901	0.8870	0.3117	0.2652	0.1051	0.1051
6	0.3487	0.4837	1.0000	0.2675	0.2147	0.1093	0.1093
7	0.7443	0.7922	0.8791	0.4917	0.4926	0.5158	0.5158
8	0.4547	1.0000	0.9639	0.5468	0.5854	0.6288	0.6288
9	0.4922	0.3965	0.8556	0.3985	0.1785	0.2141	0.2141
10	0.4284	0.6682	0.8462	0.2344	0.3063	0.1443	0.1443
11	0.3704	0.4698	0.7984	0.3125	0.4334	0.1572	0.1572
12	1.0000	0.5902	0.9457	1.0000	0.8818	0.6770	0.6770
13	0.9636	0.4310	0.8571	0.7847	0.9524	0.4410	0.4410

Firm	Output1	Output2	Output3	Input1	Input2	Input3	Input4
14	0.5511	0.4653	0.7997	0.4021	0.4223	0.1644	0.1644
15	0.6489	0.4681	0.7535	0.4857	0.7403	0.2675	0.2675
16	0.7274	0.7043	0.8116	0.8227	0.9358	1.0000	1.0000
17	0.4647	0.3746	0.7771	0.2855	0.3549	0.1373	0.1373
18	0.1532	0.4511	0.6656	0.0416	0.0600	0.0224	0.0224
19	0.2360	0.4218	0.7410	0.1820	0.3137	0.1624	0.1624
20	0.7543	0.4208	0.7111	0.5979	1.0000	0.3475	0.3475
21	0.1879	0.2818	0.7408	0.1732	0.3057	0.0748	0.0748
22	0.3411	0.3066	0.7137	0.2629	0.2166	0.1522	0.1522
23	0.2219	0.3082	0.8964	0.2910	0.4742	0.1786	0.1786
24	0.1569	0.2973	0.8289	0.1753	0.3629	0.0695	0.0695
25	0.0367	0.3767	0.8785	0.0534	0.0585	0.0316	0.0316
26	0.2597	0.3727	0.9137	0.1447	0.1853	0.0636	0.0636
27	0.0333	0.3230	0.8614	0.0311	0.0591	0.0073	0.0073

表 5-16　2006 年投入和产出数据归一化结果

Firm	Output1	Output2	Output3	Input1	Input2	Input3	Input4
1	0.7511	0.5183	0.9785	0.6550	0.7595	0.5576	0.6854
2	0.1294	0.4337	0.9505	0.4623	0.4707	0.2788	0.3771
3	0.3037	0.4556	0.9119	0.3153	0.3876	0.1023	0.2143
4	0.4565	0.5577	0.9088	0.5075	0.3857	0.2240	0.4394
5	0.3145	0.4964	0.9258	0.4249	0.2730	0.1246	0.3886
6	0.3448	0.4843	1.0000	0.2994	0.2094	0.1038	0.3583
7	0.7223	0.7926	0.8995	0.4085	0.3173	0.5042	0.5571
8	0.4325	1.0000	0.9706	0.6546	0.5779	0.6278	0.3892
9	0.4809	0.4048	0.8784	0.4529	0.4859	0.2139	0.3994
10	0.4190	0.6592	0.8470	0.2659	0.2649	0.1449	0.1997
11	0.3675	0.4717	0.7879	0.3871	0.4187	0.1580	0.2503
12	1.0000	0.5956	0.9600	0.9642	0.8663	0.6790	0.9081
13	0.9584	0.4446	0.9134	0.8761	0.8629	0.4390	0.8553

Firm	Output1	Output2	Output3	Input1	Input2	Input3	Input4
14	0.5332	0.4662	0.8223	0.4381	0.3468	0.1571	0.3506
15	0.6229	0.4621	0.7944	0.5449	0.6481	0.2638	0.3707
16	0.7374	0.6926	0.7944	1.0000	0.9677	1.0000	1.0000
17	0.4827	0.3777	0.7805	0.3328	0.3540	0.1510	0.2039
18	0.1611	0.4438	0.7202	0.0490	0.0537	0.0220	0.0375
19	0.1991	0.3918	0.7388	0.2136	0.2765	0.1656	0.2142
20	0.7459	0.4093	0.7604	0.7118	1.0000	0.3494	0.5224
21	0.1838	0.2706	0.7491	0.2270	0.2970	0.0869	0.1412
22	0.3506	0.3068	0.7917	0.3062	0.0503	0.1661	0.2284
23	0.2284	0.3081	0.9428	0.3305	0.4611	0.1818	0.2802
24	0.1559	0.2909	0.8243	0.1975	0.3537	0.0723	0.1454
25	0.0372	0.3763	0.9065	0.0656	0.0549	0.0312	0.0613
26	0.2468	0.3732	0.9289	0.1678	0.1634	0.0649	0.1717
27	0.0326	0.3215	0.8631	0.0360	0.0563	0.0076	0.0182

表 5-17 2007 年投入和产出数据归一化结果

Firm	Output1	Output2	Output3	Input1	Input2	Input3	Input4
1	0.7193	0.5195	0.9662	0.8743	0.7939	0.5815	0.6767
2	0.1075	0.4435	0.9404	0.4563	0.2939	0.3018	0.3774
3	0.3037	0.4783	0.9021	0.3262	0.3954	0.1144	0.2147
4	0.4517	0.5775	0.9235	0.5066	0.4097	0.2262	0.4353
5	0.3124	0.5071	0.9174	0.3783	0.2747	0.1348	0.3692
6	0.3648	0.5000	1.0000	0.3938	0.3189	0.1160	0.3319
7	0.7238	0.7938	0.8930	0.5886	0.4990	0.5195	0.5335
8	0.3930	1.0000	0.9725	0.6723	0.6231	0.6247	0.3914
9	0.4783	0.4303	0.8670	0.4052	0.5067	0.2304	0.3864
10	0.3994	0.6615	0.8242	0.2766	0.3004	0.1504	0.1948
11	0.3610	0.4894	0.7673	0.3786	0.3874	0.1682	0.2483
12	1.0000	0.6032	0.9509	0.9630	0.9007	0.7404	0.9094
13	0.8838	0.4660	0.9480	0.8394	0.9121	0.4529	0.8371

Firm	Output1	Output2	Output3	Input1	Input2	Input3	Input4
14	0.5492	0.4837	0.7971	0.4558	0.3789	0.1688	0.3538
15	0.6482	0.4724	0.7706	0.5652	0.6885	0.2899	0.3553
16	0.6758	0.6805	0.7691	1.0000	1.0000	1.0000	1.0000
17	0.4947	0.3901	0.7615	0.3282	0.3655	0.1664	0.2295
18	0.1439	0.4587	0.6728	0.0479	0.0619	0.0230	0.0375
19	0.1923	0.4246	0.6957	0.1931	0.2545	0.1784	0.2209
20	0.8098	0.4291	0.7294	0.7523	0.9446	0.3785	0.5373
21	0.1779	0.2872	0.7313	0.2346	0.3184	0.1033	0.1570
22	0.3337	0.3187	0.8180	0.3228	0.3912	0.1836	0.2527
23	0.2362	0.3200	0.9664	0.3321	0.4714	0.1925	0.2816
24	0.1538	0.2818	0.8135	0.1868	0.3755	0.0835	0.1484
25	0.0390	0.3848	0.9127	0.0675	0.0590	0.0301	0.0631
26	0.2506	0.3851	0.9190	0.1643	0.1726	0.0662	0.1732
27	0.0332	0.3247	0.8508	0.0376	0.0586	0.0098	0.0304

表 5-18 2008 年投入和产出数据归一化结果

Firm	Output1	Output2	Output3	Input1	Input2	Input3	Input4
1	0.6776	0.5180	0.9228	0.8136	0.8169	0.5916	0.6461
2	0.1007	0.4426	0.9104	0.4344	0.4245	0.3150	0.3709
3	0.3021	0.5029	0.8582	0.3623	0.3929	0.1243	0.2294
4	0.4336	0.6023	0.8866	0.5454	0.4214	0.2259	0.4260
5	0.3053	0.5328	0.9015	0.3658	0.2765	0.1500	0.3806
6	0.3627	0.5245	1.0000	0.3952	0.3360	0.1275	0.3595
7	0.6994	0.7946	0.8761	0.5852	0.5096	0.5475	0.5188
8	0.3648	1.0000	0.9254	0.6790	0.6531	0.6645	0.3251
9	0.4723	0.4539	0.8313	0.4588	0.4971	0.2333	0.3691
10	0.3856	0.6693	0.8000	0.2737	0.3087	0.1587	0.2093
11	0.3531	0.5074	0.7560	0.3360	0.4291	0.1762	0.2655
12	1.0000	0.6094	0.9245	0.9322	0.9219	0.7883	0.9037
13	0.8855	0.4811	0.9209	0.8557	0.9199	0.4549	0.8254

续表

Firm	Output1	Output2	Output3	Input1	Input2	Input3	Input4
14	0.5928	0.5030	0.7933	0.4391	0.3714	0.1711	0.3501
15	0.6685	0.4874	0.7287	0.5528	0.6900	0.2990	0.3696
16	0.6562	0.6913	0.7612	1.0000	1.0000	1.0000	1.0000
17	0.4842	0.3986	0.6955	0.3426	0.3627	0.1709	0.2277
18	0.1457	0.4742	0.6955	0.0516	0.0646	0.0228	0.0371
19	0.1916	0.4457	0.6970	0.2096	0.3026	0.1853	0.2449
20	0.7880	0.4452	0.7164	0.6453	0.8846	0.4091	0.5719
21	0.1825	0.3021	0.7209	0.2472	0.3323	0.1120	0.1728
22	0.3400	0.3351	0.7522	0.3115	0.3947	0.1906	0.2852
23	0.2510	0.3388	0.9343	0.3251	0.4837	0.2130	0.2817
24	0.1542	0.2942	0.7885	0.2307	0.3603	0.0963	0.1433
25	0.0400	0.3977	0.8712	0.0731	0.0605	0.0314	0.0654
26	0.2302	0.3784	0.8582	0.1623	0.1720	0.0674	0.1730
27	0.0352	0.3307	0.8412	0.0354	0.0578	0.0107	0.0343

表 5-19 2009 年投入和产出数据归一化结果

Firm	Output1	Output2	Output3	Input1	Input2	Input3	Input4
1	0.6841	0.5146	0.9375	0.7958	0.8300	0.5976	0.2839
2	0.1480	0.4241	0.9175	0.5421	0.5080	0.3144	0.1716
3	0.2881	0.4934	0.8499	0.3938	0.3888	0.1387	0.1084
4	0.4385	0.5954	0.9227	0.5209	0.4233	0.2295	0.1594
5	0.3039	0.5262	0.9456	0.3599	0.2829	0.1524	0.1194
6	0.3577	0.5203	1.0000	0.3845	0.3463	0.1282	0.1464
7	0.7010	0.7998	0.8863	0.5809	0.5213	0.5758	0.8182
8	0.3605	1.0000	0.9125	0.6739	0.6784	0.7061	1.0000
9	0.4635	0.4501	0.8615	0.4429	0.5102	0.2422	0.1638
10	0.3666	0.6675	0.7886	0.2755	0.3174	0.1657	0.2450
11	0.3405	0.5071	0.7937	0.3367	0.4385	0.1929	0.1539
12	1.0000	0.6114	0.9242	0.9180	0.9201	0.8029	0.6515
13	0.8582	0.4803	0.9329	0.7492	0.9298	0.4660	0.3327

Firm	Output1	Output2	Output3	Input1	Input2	Input3	Input4
14	0.5566	0.5032	0.8050	0.4362	0.3860	0.1853	0.1588
15	0.6104	0.4905	0.7445	0.5860	0.7160	0.3151	0.1837
16	0.6230	0.6902	0.7536	1.0000	1.0000	1.0000	0.2774
17	0.4520	0.3978	0.7478	0.3459	0.3921	0.1925	0.1351
18	0.1432	0.4741	0.6837	0.0508	0.0672	0.0250	0.0256
19	0.1881	0.4475	0.7420	0.2013	0.3061	0.0753	0.1112
20	0.6944	0.4459	0.8455	0.6351	0.9740	0.1970	0.3146
21	0.1705	0.3003	0.7993	0.2822	0.3486	0.4353	0.1048
22	0.3309	0.3367	0.7551	0.3109	0.3995	0.1220	0.2079
23	0.2447	0.3435	0.9461	0.3218	0.4766	0.2333	0.1105
24	0.1540	0.2978	0.8560	0.2313	0.3786	0.2299	0.0840
25	0.0394	0.4045	0.8501	0.0753	0.0632	0.0126	0.0416
26	0.2355	0.3880	0.8513	0.1587	0.1708	0.0346	0.1140
27	0.0333	0.3344	0.9031	0.0363	0.0535	0.0132	0.0324

表 5-20　2010 年投入和产出数据归一化结果

Firm	Output1	Output2	Output3	Input1	Input2	Input3	Input4
1	0.7142	0.5271	0.9796	0.8045	0.8440	0.5973	0.2885
2	0.1545	0.4190	0.9441	0.5483	0.5129	0.3120	0.1839
3	0.3052	0.4892	0.9245	0.4694	0.3934	0.1497	0.1353
4	0.4546	0.6112	0.9335	0.4992	0.4215	0.2306	0.1675
5	0.2927	0.5519	0.9562	0.4004	0.3119	0.1446	0.1152
6	0.3631	0.5495	1.0000	0.3734	0.3380	0.1320	0.1543
7	0.7079	0.8067	0.9350	0.5911	0.5336	0.5846	0.8369
8	0.3792	1.0000	0.9743	0.7024	0.6980	0.7129	1.0000
9	0.4819	0.4676	0.8958	0.4700	0.5114	0.2541	0.1733
10	0.3800	0.6571	0.8142	0.2808	0.3173	0.1694	0.2555
11	0.3364	0.5121	0.8106	0.3472	0.4221	0.2089	0.1511
12	1.0000	0.6185	0.9441	0.9544	0.9157	0.8055	0.6493
13	0.9080	0.4887	0.9486	0.9408	0.9281	0.4647	0.3359

续表

Firm	Output1	Output2	Output3	Input1	Input2	Input3	Input4
14	0.5983	0.5160	0.8595	0.4327	0.3758	0.2015	0.1672
15	0.6481	0.4974	0.7795	0.5827	0.7034	0.3176	0.1742
16	0.6373	0.6981	0.7900	1.0000	1.0000	1.0000	0.2552
17	0.4668	0.4020	0.7779	0.3404	0.3937	0.2159	0.1432
18	0.1504	0.4667	0.7553	0.0509	0.0674	0.0303	0.0302
19	0.1910	0.4669	0.7810	0.2328	0.3029	0.2084	0.1104
20	0.6919	0.4501	0.7814	0.9562	0.9791	0.4438	0.3249
21	0.1742	0.3072	0.8118	0.3139	0.3503	0.1332	0.1170
22	0.3089	0.3497	0.7976	0.3205	0.4139	0.2386	0.2019
23	0.2755	0.3632	0.9940	0.3225	0.5070	0.2367	0.1094
24	0.1670	0.3030	0.8353	0.2394	0.3626	0.1230	0.0923
25	0.0444	0.4136	0.9305	0.0826	0.0645	0.0388	0.0414
26	0.3006	0.4108	0.9018	0.1720	0.1757	0.0859	0.1276
27	0.0376	0.3418	0.9128	0.0355	0.0586	0.0144	0.0359

表 5-21　2011 年投入和产出数据归一化结果

Firm	Output1	Output2	Output3	Input1	Input2	Input3	Input4
1	0.7312	0.5447	0.9496	0.7574	0.8326	0.6202	0.3214
2	0.1614	0.4285	0.8899	0.5171	0.5131	0.3260	0.2074
3	0.3287	0.5081	0.8671	0.4024	0.3936	0.1722	0.1477
4	0.4820	0.6347	0.8700	0.4149	0.4279	0.2426	0.1825
5	0.3215	0.5746	0.9243	0.3191	0.2686	0.1404	0.1064
6	0.4282	0.5807	0.9269	0.3436	0.3373	0.1387	0.1559
7	0.7712	0.8267	0.8786	0.5786	0.5157	0.5840	0.8496
8	0.3984	1.0000	0.8914	0.6638	0.7053	0.7278	1.0000
9	0.5071	0.4768	0.8414	0.4439	0.5242	0.2811	0.1910
10	0.4057	0.6716	0.7657	0.2591	0.3203	0.1774	0.2713
11	0.3501	0.5273	0.7829	0.3288	0.4381	0.2315	0.1575
12	1.0000	0.6382	0.9184	1.0000	0.8974	0.8178	0.6673
13	0.8838	0.5053	0.9129	0.7177	0.9229	0.4817	0.3354

Firm	Output1	Output2	Output3	Input1	Input2	Input3	Input4
14	0.6466	0.5277	0.8713	0.4117	0.3715	0.2188	0.1785
15	0.6966	0.5024	0.7823	0.5581	0.7070	0.3347	0.1862
16	0.6707	0.7170	0.7271	0.9830	0.9990	1.0000	0.2605
17	0.5152	0.4002	0.8029	0.3352	0.3938	0.2371	0.1510
18	0.1659	0.4932	0.6884	0.0561	0.0699	0.0338	0.0361
19	0.2125	0.4958	0.7600	0.2263	0.3053	0.2231	0.1141
20	0.7508	0.4689	0.7680	0.8935	1.0000	0.4852	0.3451
21	0.1827	0.3171	0.7471	0.3097	0.3601	0.1515	0.1248
22	0.3551	0.3613	0.7557	0.2915	0.4113	0.2645	0.1980
23	0.3072	0.3847	1.0000	0.3566	0.5080	0.2501	0.1198
24	0.1708	0.2991	0.8251	0.2197	0.3924	0.1365	0.0976
25	0.0463	0.4139	0.8959	0.0767	0.0657	0.0411	0.0438
26	0.2866	0.4164	0.9129	0.1464	0.1870	0.0961	0.1444
27	0.0390	0.3526	0.8881	0.0357	0.0617	0.0167	0.0392

表5-22　2012年投入和产出数据归一化结果

Firm	Output1	Output2	Output3	Input1	Input2	Input3	Input4
1	0.7443	0.5553	0.9410	0.7472	0.7965	0.6285	0.3363
2	0.1631	0.4368	0.9474	0.5440	0.4934	0.3331	0.2160
3	0.3383	0.5230	0.8680	0.4146	0.3963	0.1860	0.1586
4	0.5035	0.6448	0.8765	0.4168	0.4084	0.2507	0.1919
5	0.3298	0.5909	0.9007	0.3097	0.2688	0.1426	0.1064
6	0.4936	0.5913	0.8836	0.3611	0.3386	0.1450	0.1563
7	0.7983	0.8385	0.8907	0.5974	0.5238	0.6260	0.8309
8	0.3895	1.0000	0.8950	0.6874	0.7220	0.7512	1.0000
9	0.5088	0.4921	0.8644	0.4425	0.5090	0.3069	0.2046
10	0.4150	0.6849	0.7684	0.2692	0.3231	0.1893	0.2848
11	0.3551	0.5380	0.8036	0.3252	0.4349	0.2522	0.1674
12	1.0000	0.6492	0.9354	0.9760	0.8963	0.8466	0.6701
13	0.8804	0.5171	0.9419	0.8269	0.9121	0.5151	0.3320

续表

Firm	Output1	Output2	Output3	Input1	Input2	Input3	Input4
14	0.6653	0.5396	0.8879	0.4072	0.3632	0.2363	0.1852
15	0.7016	0.5113	0.7988	0.5491	0.7049	0.3477	0.1880
16	0.6650	0.7245	0.7242	1.0000	0.9855	1.0000	0.2651
17	0.5074	0.4128	0.8139	0.3347	0.3962	0.2526	0.1581
18	0.1662	0.5091	0.6988	0.0587	0.0701	0.0389	0.0401
19	0.2195	0.5074	0.7940	0.2286	0.3049	0.2347	0.1121
20	0.7701	0.4811	0.7563	0.9096	1.0000	0.5281	0.3600
21	0.2083	0.3266	0.7881	0.3116	0.3659	0.1664	0.1244
22	0.3864	0.3722	0.7740	0.2980	0.4115	0.2851	0.1965
23	0.3200	0.3960	1.0000	0.3410	0.3773	0.2678	0.1249
24	0.1823	0.3097	0.8571	0.2368	0.0627	0.1468	0.1056
25	0.0466	0.4247	0.9200	0.0769	0.0662	0.0484	0.0454
26	0.3084	0.4394	0.9092	0.1516	0.1748	0.1098	0.1551
27	0.0413	0.3686	0.9276	0.0492	0.0342	0.0188	0.0404

表 5-23　2013 年投入和产出数据归一化结果

Firm	Output1	Output2	Output3	Input1	Input2	Input3	Input4
1	0.7381	0.5252	1.0000	0.6598	0.8338	0.6286	0.3579
2	0.1632	0.4544	0.9556	0.5406	0.5888	0.3478	0.2346
3	0.3372	0.5136	0.8916	0.3759	0.3979	0.1894	0.1720
4	0.4895	0.5808	0.9571	0.4277	0.4102	0.2506	0.2073
5	0.3182	0.5591	0.9556	0.2890	0.4207	0.1456	0.1207
6	0.5307	0.5356	0.9243	0.3659	0.3392	0.1526	0.1646
7	0.7688	0.7729	0.9084	0.5841	0.5302	0.6786	0.7996
8	0.3763	1.0000	0.9186	0.6927	0.7237	0.7743	1.0000
9	0.4951	0.5059	0.8608	0.4252	0.5192	0.3343	0.2229
10	0.4083	0.6519	0.7959	0.2666	0.3266	0.1973	0.3004
11	0.3451	0.5195	0.8237	0.3163	0.4360	0.2669	0.1804
12	1.0000	0.6109	0.9342	0.9534	0.8875	0.8576	0.6765
13	0.8559	0.5127	0.9357	0.7877	0.9080	0.5409	0.3507

Firm	Output1	Output2	Output3	Input1	Input2	Input3	Input4
14	0.6533	0.5540	0.9014	0.4031	0.3811	0.2577	0.1981
15	0.6535	0.5161	0.8786	0.5172	0.6977	0.3608	0.2058
16	0.6426	0.6327	0.7274	1.0000	0.9991	1.0000	0.2804
17	0.4941	0.4455	0.8558	0.3233	0.3983	0.2623	0.1684
18	0.1595	0.5031	0.7203	0.0593	0.0732	0.0421	0.0378
19	0.2144	0.4855	0.8016	0.2193	0.3047	0.2420	0.1193
20	0.7223	0.4791	0.8059	0.8961	1.0000	0.5655	0.3791
21	0.2170	0.3371	0.8136	0.3083	0.3835	0.1969	0.1352
22	0.3996	0.3843	0.7959	0.2861	0.4105	0.3036	0.1971
23	0.3218	0.4054	0.9728	0.3375	0.5065	0.2835	0.1513
24	0.1854	0.3195	0.8974	0.2335	0.3862	0.1598	0.1174
25	0.0470	0.4344	0.9813	0.0758	0.0663	0.0503	0.0501
26	0.3096	0.4485	0.9428	0.1581	0.1829	0.1131	0.1655
27	0.0438	0.3694	0.9857	0.0479	0.0643	0.0202	0.0465

表5-24　2014年投入和产出数据归一化结果

Firm	Output1	Output2	Output3	Input1	Input2	Input3	Input4
1	0.7185	0.5258	0.9838	0.6481	0.8314	0.6481	0.4067
2	0.1644	0.4547	0.9833	0.5012	0.5407	0.3495	0.2560
3	0.3393	0.5150	0.9666	0.3759	0.3835	0.1909	0.1930
4	0.4764	0.5777	0.9981	0.4055	0.3811	0.2572	0.2296
5	0.3176	0.5564	0.9805	0.3103	0.2699	0.1529	0.1472
6	0.5442	0.5396	1.0000	0.3792	0.3397	0.1745	0.1980
7	0.7574	0.7721	0.9554	0.6203	0.5435	0.7241	0.8364
8	0.3704	1.0000	0.9492	0.7988	0.7687	0.7845	1.0000
9	0.4986	0.5119	0.8969	0.4269	0.5238	0.3638	0.2566
10	0.4199	0.6530	0.8607	0.2748	0.3270	0.2070	0.3508
11	0.3509	0.5222	0.8844	0.3359	0.4363	0.2831	0.2121
12	1.0000	0.6133	0.9610	1.0000	0.8587	0.8847	0.7488
13	0.8670	0.5144	0.9805	0.8259	0.9034	0.5644	0.4050

Firm	Output1	Output2	Output3	Input1	Input2	Input3	Input4
14	0.6621	0.5600	0.9554	0.4137	0.3759	0.2786	0.2275
15	0.6562	0.5193	0.9150	0.5276	0.6939	0.3856	0.2324
16	0.6600	0.6321	0.8426	0.9798	0.9937	1.0000	0.3107
17	0.5030	0.4482	0.8788	0.3398	0.4032	0.2788	0.1895
18	0.1687	0.5117	0.7911	0.0698	0.0744	0.0462	0.0431
19	0.2211	0.4898	0.8287	0.2228	0.3035	0.2589	0.1363
20	0.7359	0.4825	0.8391	0.9255	1.0000	0.6145	0.4282
21	0.2669	0.3444	0.8120	0.3461	0.3883	0.2049	0.1677
22	0.4147	0.3849	0.8969	0.2958	0.4094	0.3130	0.2156
23	0.3261	0.4094	0.9872	0.3324	0.4874	0.2950	0.1661
24	0.1877	0.3240	0.8696	0.2527	0.3891	0.1669	0.1433
25	0.0452	0.4341	0.9762	0.0762	0.0660	0.0522	0.0562
26	0.3207	0.4503	0.9124	0.1661	0.1850	0.1106	0.1885
27	0.0450	0.3759	0.9486	0.0481	0.0645	0.0217	0.0534

表5-25　2015年投入和产出数据归一化结果

Firm	Output1	Output2	Output3	Input1	Input2	Input3	Input4
1	0.6908	0.5231	0.9852	0.6435	0.8329	0.6444	0.4407
2	0.1573	0.4475	0.9793	0.5656	0.5224	0.3437	0.2714
3	0.3248	0.5101	0.9752	0.3689	0.3992	0.1890	0.2159
4	0.4788	0.5707	0.9909	0.4278	0.3772	0.2540	0.2434
5	0.3206	0.5362	0.9793	0.3298	0.2723	0.1472	0.1755
6	0.5289	0.5252	1.0000	0.3837	0.3389	0.1697	0.2407
7	0.8006	0.7695	0.9427	0.6411	0.5536	0.7213	0.8600
8	0.3681	1.0000	0.9490	0.6693	0.7238	0.7841	1.0000
9	0.4934	0.5122	0.8855	0.4421	0.5266	0.3639	0.2805
10	0.4254	0.6529	0.8611	0.2763	0.3295	0.2069	0.3724
11	0.3561	0.5273	0.8800	0.3593	0.4354	0.2857	0.2366
12	1.0000	0.6121	0.9597	0.9239	0.9600	0.8824	0.7695
13	0.8454	0.5137	0.9768	0.7917	0.9021	0.5634	0.4446

续表

Firm	Output1	Output2	Output3	Input1	Input2	Input3	Input4
14	0.6647	0.5607	0.9641	0.4196	0.3589	0.2788	0.2535
15	0.6691	0.5204	0.9255	0.5136	0.6888	0.3862	0.2596
16	0.6719	0.6324	0.8193	1.0000	1.0000	1.0000	0.3051
17	0.5152	0.4481	0.8910	0.3273	0.4043	0.2786	0.1976
18	0.1717	0.5140	0.7903	0.0761	0.0772	0.0464	0.0473
19	0.2310	0.4973	0.8276	0.2252	0.3022	0.2627	0.1440
20	0.7386	0.4851	0.8397	0.9057	0.9995	0.6175	0.4544
21	0.3295	0.3497	0.8303	0.3621	0.3944	0.2079	0.1976
22	0.4129	0.3902	0.8771	0.2887	0.4059	0.3171	0.2349
23	0.3209	0.4113	0.9953	0.3102	0.5019	0.2962	0.1795
24	0.1916	0.3283	0.9261	0.2518	0.3929	0.1691	0.1736
25	0.0478	0.4317	0.9772	0.0773	0.0659	0.0519	0.0555
26	0.3131	0.4462	0.9094	0.1737	0.1927	0.1095	0.1917
27	0.0420	0.3755	0.9665	0.0535	0.0589	0.0217	0.0601

表 5-26　2016 年投入和产出数据归一化结果

Firm	Output1	Output2	Output3	Input1	Input2	Input3	Input4
1	0.7086	0.5213	0.9789	0.6337	0.8172	0.6399	0.4340
2	0.1592	0.4409	0.9751	0.5019	0.5297	0.3375	0.2889
3	0.3322	0.5077	0.9615	0.3600	0.4075	0.1874	0.2491
4	0.4409	0.5633	0.9940	0.4353	0.3660	0.2498	0.2552
5	0.3040	0.5302	0.9710	0.3327	0.2700	0.1451	0.2031
6	0.5418	0.5174	0.9833	0.3952	0.3300	0.1666	0.2657
7	0.8272	0.7699	0.9588	0.6565	0.5505	0.7191	0.9399
8	0.3987	1.0000	0.9275	0.6834	0.7092	0.7813	1.0000
9	0.5209	0.5126	0.8949	0.4375	0.5207	0.3629	0.3213
10	0.4794	0.6560	0.8524	0.2727	0.3219	0.2071	0.3890
11	0.3864	0.5308	0.8800	0.3837	0.4180	0.2866	0.2803
12	1.0000	0.6103	0.9553	0.8919	0.8584	0.8767	0.8208
13	0.8696	0.5115	0.9724	0.7792	0.8838	0.5590	0.4958

Firm	Output1	Output2	Output3	Input1	Input2	Input3	Input4
14	0.7424	0.5565	0.9506	0.4087	0.3601	0.2757	0.3001
15	0.7260	0.5218	0.9289	0.5347	0.6775	0.3859	0.2979
16	0.7495	0.6347	0.8106	1.0000	1.0000	1.0000	0.3236
17	0.5674	0.4530	0.8908	0.3288	0.3990	0.2807	0.2249
18	0.1924	0.5179	0.7725	0.0802	0.0770	0.0466	0.0475
19	0.2644	0.5051	0.8339	0.2149	0.2970	0.2659	0.1555
20	0.7972	0.4899	0.8413	0.9038	0.9826	0.6215	0.5053
21	0.3745	0.3538	0.8337	0.3691	0.3906	0.2096	0.2413
22	0.4453	0.3945	0.8802	0.2888	0.3914	0.3195	0.2662
23	0.3436	0.4109	0.9937	0.3406	0.4756	0.2949	0.1948
24	0.1995	0.3261	0.9344	0.2536	0.3871	0.1674	0.2083
25	0.0490	0.4308	1.0000	0.0772	0.0650	0.0516	0.0604
26	0.3345	0.4453	0.9289	0.1770	0.1924	0.1090	0.2114
27	0.0449	0.3789	0.9596	0.0578	0.0629	0.0218	0.0663

表 5-27　2017 年投入和产出数据归一化结果

Firm	Output1	Output2	Output3	Input1	Input2	Input3	Input4
1	0.6477	0.5162	0.9805	0.6325	0.8209	0.6360	0.4358
2	0.1488	0.4323	0.9716	0.5294	0.5313	0.3321	0.2994
3	0.3414	0.5043	0.9649	0.3661	0.3886	0.1868	0.2567
4	0.3936	0.5508	0.9810	0.4006	0.3662	0.2452	0.2376
5	0.2267	0.5189	0.9609	0.4894	0.2724	0.1426	0.1854
6	0.6136	0.5075	0.9837	0.3967	0.3285	0.1640	0.2615
7	0.8370	0.7677	0.9516	0.6702	0.5580	0.7197	0.9542
8	0.4002	1.0000	0.9234	0.6836	0.7007	0.7842	1.0000
9	0.5343	0.5112	0.8893	0.4437	0.5240	0.3632	0.3413
10	0.4584	0.6545	0.8450	0.2726	0.3226	0.2074	0.3864
11	0.3798	0.5306	0.8889	0.3630	0.4181	0.2876	0.3180
12	1.0000	0.6058	0.9553	0.8912	0.8474	0.8735	0.7927
13	0.8565	0.5097	0.9756	0.7739	0.8839	0.5590	0.5114

Firm	Output1	Output2	Output3	Input1	Input2	Input3	Input4
14	0.7302	0.5535	0.9556	0.4214	0.3653	0.2752	0.3169
15	0.6204	0.5183	0.9297	0.5334	0.6792	0.3848	0.3189
16	0.7473	0.6323	0.8006	1.0000	1.0000	1.0000	0.3328
17	0.5956	0.4538	0.9074	0.3332	0.4007	0.2822	0.2394
18	0.1992	0.5170	0.7776	0.0860	0.0793	0.0467	0.0452
19	0.2641	0.5064	0.8498	0.2103	0.2973	0.2676	0.1557
20	0.8820	0.4899	0.8410	0.9015	0.9876	0.6238	0.4927
21	0.4205	0.3554	0.8298	0.3661	0.3931	0.2114	0.2685
22	0.4839	0.3952	0.9027	0.2909	0.3863	0.3213	0.2762
23	0.3603	0.4113	0.9906	0.3293	0.4925	0.2962	0.2025
24	0.1779	0.3236	0.9320	0.2574	0.3832	0.1667	0.2055
25	0.0519	0.4303	1.0000	0.0750	0.0647	0.0518	0.0663
26	0.3211	0.4426	0.9287	0.1777	0.1905	0.1087	0.2299
27	0.0493	0.3792	0.9343	0.0573	0.0591	0.0219	0.0692

三、农村金融服务效率实证分析

我们运用DEAP2.1软件对归一化数据进行处理,数据包络分析的处理规则见表5-28。

表5-28　DEAP2.1运算条件

数值	解释
27	NUMBER OF FIRMS
13	NUMBER OF TIME PERIODS
3	NUMBER OF OUTPUTS
4	NUMBER OF INPUTS
1	0=INPUT AND 1=OUTPUT ORIENTATED
1	0=CRS AND 1=VRS

续表

数值	解释
2	0＝DEA(MULTI-STAGE),1＝COST-DEA,2＝MALMQUIST-DEA 3＝DEA(1-STAGE),4＝DEA(2-STAGE)

(一)农村金融服务效率总体情况

1.TFP 省际分布

TFP 是投入产出总效率的表示,在许多场合被解释为全要素生产率,我们用 TFP 来评价各省农村金融服务的效率。表 5-29 给出了 2005—2017 年间 27 个省(市、自治区)TFP 的绝对值。

表5-29　2005—2017 年 27 个省(市、自治区)TFP 分布情况表

省(市、自治区)	2005—2006 年	2006—2007 年	2007—2008 年	2008—2009 年	2009—2010 年	2010—2011 年
河北省	0.890	0.870	0.916	1.359	1.027	0.919
山西省	1.064	1.508	0.665	1.384	0.961	0.843
内蒙古自治区	0.753	0.894	0.916	1.439	0.849	0.987
辽宁省	0.955	0.937	0.933	1.251	1.008	0.973
吉林省	0.713	0.980	0.971	1.135	0.948	1.189
黑龙江省	0.850	0.760	0.934	1.117	1.011	1.122
江苏省	1.444	0.645	0.946	0.980	0.987	1.127
浙江省	0.979	0.873	1.049	0.886	1.022	1.040
安徽省	0.402	1.021	1.007	1.393	0.983	0.955
福建省	0.914	0.881	0.939	0.925	1.037	1.058
江西省	0.788	1.019	0.892	1.245	1.006	0.998
山东省	1.005	0.967	0.977	1.002	1.005	1.020
河南省	0.880	0.883	0.993	1.253	1.048	0.975
湖北省	0.868	0.944	1.101	1.067	1.062	1.048
湖南省	0.846	1.086	0.991	1.549	1.120	1.006
广东省	0.944	0.891	0.971	1.601	1.112	1.031

省(市、自治区)	2005—2006 年	2006—2007 年	2007—2008 年	2008—2009 年	2009—2010 年	2010—2011 年
广西壮族自治区	0.852	0.927	0.986	1.172	0.974	1.047
海南省	0.852	0.905	0.991	1.142	0.939	0.916
重庆省	0.757	1.068	0.918	1.313	0.713	1.076
四川省	0.774	1.056	1.080	1.328	0.625	1.022
贵州省	0.661	0.870	0.932	1.263	0.915	0.938
云南省	2.856	0.196	1.016	1.113	0.686	1.235
陕西省	0.825	1.029	1.086	1.726	1.137	1.018
甘肃省	0.723	0.882	0.959	1.562	0.893	0.953
宁夏回族自治区	1.051	0.946	0.960	1.044	0.853	0.962
新疆维吾尔自治区	0.735	0.978	0.922	1.691	0.670	0.907
青海省	0.647	0.755	0.970	0.990	0.981	0.928
省份	2011—2012 年	2012—2013 年	2013—2014 年	2014—2015 年	2015—2016 年	2016—2017 年
河北省	0.973	0.932	0.864	0.968	1.042	0.916
山西省	1.012	0.927	0.942	0.938	0.936	0.959
内蒙古自治区	0.958	0.924	0.985	0.963	1.032	1.031
辽宁省	0.993	0.900	0.968	1.007	0.949	0.892
吉林省	1.026	0.851	0.861	1.019	0.962	0.771
黑龙江省	1.103	1.022	0.897	0.999	1.043	1.150
江苏省	1.018	0.953	0.961	1.038	1.039	0.998
浙江省	0.955	0.964	0.927	1.098	1.056	1.003
安徽省	0.937	0.893	0.875	0.927	1.067	1.011
福建省	0.999	0.983	1.012	1.008	1.142	0.957
江西省	0.954	0.902	0.875	0.949	1.016	1.039
山东省	1.002	1.010	1.034	0.905	1.064	1.006
河南省	1.006	0.920	0.877	0.888	0.967	0.992
湖北省	0.992	0.921	0.973	1.045	1.113	0.970
湖南省	0.998	0.851	0.889	0.913	0.946	0.831
广东省	0.974	0.914	0.927	1.037	1.052	0.970

续表

省份	2011—2012 年	2012—2013 年	2013—2014 年	2014—2015 年	2015—2016 年	2016—2017 年
广西壮族自治区	0.941	0.914	0.905	0.982	1.080	1.036
海南省	0.947	0.975	0.960	0.961	1.037	1.009
重庆市	1.051	0.918	0.903	1.021	1.199	1.021
四川省	0.983	0.891	0.902	0.946	0.971	1.122
贵州省	1.144	0.959	0.992	1.058	1.051	1.123
云南省	1.080	1.058	1.004	1.020	1.078	1.079
陕西省	0.999	0.830	0.923	0.911	0.987	1.066
甘肃省	2.567	0.351	0.801	0.952	1.018	0.931
宁夏回族自治区	1.005	0.970	0.957	1.003	0.978	0.970
新疆维吾尔自治区	1.093	0.960	1.005	0.957	1.048	0.956
青海省	1.196	0.781	0.917	1.000	0.962	0.995

从表5-29可以看出,河北省 TFP 有效的年份仅有 3 个:2008—2009 年、2009—2010 年、2015—2016 年;其余年份 TFP 均小于 1,TFP 大于全国平均水平的年份只有 2009—2010 年和 2015—2016 年,说明总体无效率。河北省与其他省份在 TFP 的差距较大,尤其是与年度 TFP 最大值的省份比较。表5-30 给出了河北省 TFP 与 27 个省(市、自治区)的统计比较。

表 5-30　河北省 TFP 在总体中的位置的统计描述

年度	最大值	最小值	均值	河北省
2005—2006	2.856	0.402	0.872	0.890
2006—2007	1.508	0.196	0.882	0.870
2007—2008	1.101	0.665	0.960	0.916
2008—2009	1.726	0.886	1.236	1.359
2009—2010	1.137	0.625	0.936	1.027

续表

年度	最大值	最小值	均值	河北省
2010—2011	1.235	0.843	1.007	0.919
2011—2012	2.567	0.937	1.047	0.973
2012—2013	1.058	0.351	0.893	0.932
2013—2014	1.034	0.801	0.929	0.864
2014—2015	1.098	0.888	0.981	0.968
2015—2016	1.199	0.936	1.029	1.042
2016—2017	1.150	0.771	0.989	0.916

注:由于 TFP 是乘积项,因此均值为几何平均数。

2. TFP 的省际排名

我们的目的在于找到河北省农村金融服务在全国 27 个省(市、自治区)中的地位,与其他省份相比,河北省目前的发展总体水平是怎样的,我们对年度数据分别进行排名,最终求得某个省份在 2005—2017 年的总体排名情况,最终排名用平均排名表示,通过对各省(市、自治区)历年排名情况进行平均得到。

表 5-31　27 个省(市、自治区)农村金融服务效率综合排名

省(市、自治区)	2005—2006 年	2006—2007 年	2007—2008 年	2008—2009 年	2009—2010 年	2010—2011 年	2011—2012 年	2012—2013 年	2013—2014 年	2014—2015 年	2015—2016 年	2016—2017 年	平均排名	标准差
云南省	1	27	5	20	25	1	6	1	4	7	5	4	1	27
湖北省	12	12	1	21	4	7	18	14	7	3	3	17	2	9
山东省	5	10	11	23	12	12	13	3	1	26	7	12	3	11
福建省	9	20	18	26	6	6	14	2	2	9	2	21	4	18
广东省	8	17	13	3	3	10	20	17	14	5	9	18	5	2
浙江省	6	21	4	27	8	9	23	7	13	1	8	13	6	16
黑龙江省	15	24	19	19	9	4	4	2	20	13	12	1	7	14
陕西省	17	5	2	1	1	13	15	25	15	25	19	5	8	23
重庆市	20	3	23	11	24	5	7	16	18	6	1	9	9	15
江苏省	2	26	17	25	13	3	9	10	9	4	14	14	10	13
贵州省	25	23	21	12	20	22	3	9	5	2	10	2	11	22

省(市、自治区)	2005—2006年	2006—2007年	2007—2008年	2008—2009年	2009—2010年	2010—2011年	2011—2012年	2012—2013年	2013—2014年	2014—2015年	2015—2016年	2016—2017年	平均排名	标准差
广西壮族自治区	13	14	10	16	16	8	26	18	17	14	4	7	12	1
宁夏回族自治区	4	11	15	22	22	19	12	6	11	11	20	19	13	4
新疆维吾尔自治区	22	9	22	2	26	26	5	8	3	18	11	22	14	24
四川省	19	4	3	10	27	11	19	22	19	21	21	3	15	19
海南省	14	15	9	17	19	25	25	5	10	17	15	11	16	3
湖南省	16	2	8	5	2	14	16	24	21	24	26	26	17	25
河南省	11	18	7	10	5	17	11	15	27	22	16	18	18	8
山西省	3	1	27	8	17	27	10	12	12	22	27	20	19	26
内蒙古自治区	21	16	24	6	23	16	22	13	6	16	16	8	20	6
辽宁省	7	13	20	14	10	18	17	20	8	10	25	25	21	5
安徽省	27	6	6	7	14	20	27	21	24	23	4	10	22	21
吉林省	24	8	12	18	18	2	8	23	26	8	23	27	23	20
江西省	18	7	26	15	11	15	24	19	23	20	18	6	24	7
河北省	10	22	25	9	7	24	21	11	25	15	13	24	25	10
甘肃省	23	19	16	4	20	21	20	27	27	27	17	23	26	17
青海省	26	25	14	24	15	23	2	26	16	12	24	15	27	12

从排名情况来看,河北省在2005—2017年平均排名25位,基本处于末端水平,这表明河北省农村金融服务效率整体低于其他地区;河北省最好年份是2009—2010年,排名第7位,其次是2008—2009年,排名第9位,其他年份均跌落在10名以外。排名前十的分别有云南省、湖北省、山东省、福建省、广东省、陕西省、江苏省、浙江省、黑龙江省和重庆市,河北省与这些省(市、自治区)的绝对差距较大(从表5-28中可以看到)。从标准差上来看,河北省的标准差较小,排名第10,说明河北省在全国中的名次变化幅度相对较小。

（二）农村金融服务效率的分解情况

农村金融服务效率 TFP 可以进一步分解为技术进步率（TECH）和技术效率（EFFCH）。技术效率（EFFCH）又可分解为规模效率（SECH）和纯技术效率（PECH）。它们的关系为：TFP = TECH × EFFCH，EFFCH = SECH×PECH。我们分别将 TFP 的分解量依次进行排名，排名方式与 TFP 排名相同，不再赘述。由于篇幅原因，TFP 分解后的测算结果未列出，我们直接分析排名情况。表 5-32 至表 5-35，给出了分解量的年度排名和综合排名。河北省农村金融服务技术进步率、技术效率、规模效率和纯技术效率的排名分别为第 20、第 23、第 19 和第 8，由于纯技术效率的测算值有许多省份是相同的，所以排名相同的情况在纯技术效率比较中较多，河北省排名第 8，这并不代表纯技术效率十分有效，相反，河北省只比湖南省和安徽省略好，总体上来说，在 27 个省（市、自治区）中也属于尾端。

表 5-32　27 个省（市、自治区）农村金融服务技术进步率（TECH）排名情况

省（市、自治区）	2005—2006 年	2006—2007 年	2007—2008 年	2008—2009 年	2009—2010 年	2010—2011 年	2011—2012 年	2012—2013 年	2013—2014 年	2014—2015 年	2015—2016 年	2016—2017 年	平均排名
浙江省	7	13	5	19	1	1	6	9	1	11	7	13	1
海南省	17	4	6	14	7	9	9	5	6	10	8	6	2
湖南省	26	7	2	1	13	8	11	2	12	15	2	8	3
内蒙古自治区	19	12	3	13	22	8	11	4	9	2	2	3	4
湖北省	16	20	15	15	5	6	11	3	2	7	1	7	5
贵州省	22	5	1	6	16	10	11	2	12	12	2	10	6
江苏省	3	26	21	26	4	1	4	12	1	6	1	7	7
黑龙江省	11	16	8	17	23	4	12	13	5	1	2	3	8
山东省	4	24	19	25	3	1	5	11	1	9	3	11	9
辽宁省	8	25	20	12	12	8	11	2	3	8	1	7	10
安徽省	2	14	10	8	18	8	11	2	12	14	6	13	11

续表

省(市、自治区)	2005—2006年	2006—2007年	2007—2008年	2008—2009年	2009—2010年	2010—2011年	2011—2012年	2012—2013年	2013—2014年	2014—2015年	2015—2016年	2016—2017年	平均排名
山西省	6	11	24	4	11	11	10	1	11	16	11	5	12
吉林省	15	23	18	16	8	8	11	2	10	5	2	4	13
甘肃省	21	8	4	3	10	12	2	14	8	17	9	14	14
广东省	5	21	16	11	21	8	11	2	12	15	2	1	15
陕西省	20	3	27	2	14	8	11	2	12	15	2	9	16
福建省	12	17	12	24	2	1	7	7	14	13	6	13	17
宁夏回族自治区	9	1	25	18	27	5	3	10	7	3	10	12	18
广西壮族自治区	25	9	9	7	17	8	11	2	12	15	5	13	19
河北省	10	18	13	9	19	8	11	2	13	13	6	13	20
四川省	23	6	7	23	26	8	11	2	12	15	2	2	21
河南省	13	19	14	10	20	8	11	2	12	15	6	13	22
新疆维吾尔自治区	18	15	11	21	24	2	8	8	4	11	6	13	23
江西省	24	10	23	5	15	8	11	2	15	13	6	13	24
重庆市	14	2	26	20	25	8	11	2	12	14	6	13	25
云南省	1	27	22	27	9	1	10	6	17	13	6	13	26
青海省	27	22	17	22	6	7	1	15	16	4	12	8	27

表5-33　27个省(市、自治区)农村金融服务技术效率(EFFCH)排名情况

省(市、自治区)	2005—2006年	2006—2007年	2007—2008年	2008—2009年	2009—2010年	2010—2011年	2011—2012年	2012—2013年	2013—2014年	2014—2015年	2015—2016年	2016—2017年	平均排名
云南省	1	25	4	10	24	2	5	3	1	5	4	2	1
陕西省	5	14	1	2	1	9	9	25	9	21	20	4	2
重庆市	23	12	11	6	22	4	4	15	14	4	1	8	3
湖北省	8	5	2	24	11	10	12	13	11	7	9	19	4
广东省	22	10	9	3	3	7	14	18	8	3	15	22	5
广西壮族自治区	4	17	7	21	10	6	19	17	13	8	6	7	6
贵州省	21	22	21	13	13	14	2	10	3	2	16	1	7

续表

省(市、自治区)	2005—2006年	2006—2007年	2007—2008年	2008—2009年	2009—2010年	2010—2011年	2011—2012年	2012—2013年	2013—2014年	2014—2015年	2015—2016年	2016—2017年	平均排名
四川省	9	9	3	4	25	8	13	22	15	14	21	5	8
黑龙江省	20	23	17	20	6	5	3	1	21	19	17	3	9
福建省	10	16	14	23	16	22	21	7	2	6	2	16	10
新疆维吾尔自治区	17	8	18	1	23	25	7	8	5	17	10	17	11
河南省	13	13	6	14	4	16	8	14	18	22	19	12	12
湖南省	3	7	13	7	2	11	10	23	16	20	23	24	13
江西省	7	11	20	16	7	12	18	19	17	14	14	6	14
山西省	11	1	23	11	12	18	15	16	6	16	13	21	15
甘肃省	14	21	16	5	19	3	1	26	25	3	3	18	16
安徽省	25	6	5	9	9	19	20	21	19	18	5	9	17
宁夏回族自治区	6	20	10	22	15	20	26	4	7	17	7	13	18
海南省	6	20	10	22	15	20	22	9	7	17	7	13	19
青海省	6	20	10	22	15	20	22	9	7	17	7	13	20
山东省	19	2	8	17	18	24	24	2	10	24	12	11	21
辽宁省	15	4	15	12	8	17	11	20	12	11	24	23	22
河北省	16	15	19	12	5	21	16	11	20	10	11	20	23
浙江省	18	18	4	25	17	23	25	6	24	1	8	10	24
内蒙古自治区	12	19	22	8	20	13	17	12	4	23	18	14	25
吉林省	24	3	9	19	14	1	6	24	23	12	22	25	26
江苏省	2	24	12	18	21	15	23	5	22	9	17	15	27

表5-34　27个省(市、自治区)农村金融服务规模效率(SECH)排名情况

省(市、自治区)	2005—2006年	2006—2007年	2007—2008年	2008—2009年	2009—2010年	2010—2011年	2011—2012年	2012—2013年	2013—2014年	2014—2015年	2015—2016年	2016—2017年	平均排名
云南省	1	27	4	9	27	2	6	3	3	4	4	5	1
陕西省	11	15	1	2	3	10	9	26	9	22	23	3	2
湖北省	8	5	2	26	11	11	12	15	13	6	9	21	3

续表

省(市、自治区)	2005—2006 年	2006—2007 年	2007—2008 年	2008—2009 年	2009—2010 年	2010—2011 年	2011—2012 年	2012—2013 年	2013—2014 年	2014—2015 年	2015—2016 年	2016—2017 年	平均排名
重庆市	23	12	20	8	25	4	4	13	17	7	1	8	4
广东省	24	6	13	7	2	8	14	18	8	2	17	24	5
广西壮族自治区	3	17	8	18	8	6	16	23	14	13	12	6	6
贵州省	26	21	26	14	12	7	3	11	2	3	20	1	7
福建省	10	16	18	25	19	24	20	7	1	5	2	17	8
新疆维吾尔自治区	17	9	22	1	26	27	7	8	4	16	11	18	9
黑龙江省	22	25	21	20	7	5	2	1	23	21	19	2	10
安徽省	27	7	5	10	10	15	21	17	19	20	10	7	11
江西省	9	10	24	19	5	9	18	19	22	14	16	4	12
海南省	5	22	10	22	16	20	22	9	6	18	6	13	13
河南省	13	13	7	13	4	18	8	16	20	25	22	11	14
宁夏回族自治区	6	23	11	23	17	21	27	4	5	17	5	12	15
湖南省	4	8	17	5	1	12	10	24	18	23	25	26	16
四川省	12	11	3	3	24	16	13	21	16	15	27	15	17
甘肃省	14	20	23	4	14	3	1	27	27	24	3	20	18
河北省	15	14	16	12	6	23	15	14	21	10	13	22	19
山东省	21	2	9	15	22	26	25	2	11	27	14	10	20
青海省	7	24	12	24	18	22	23	10	17	19	7	14	21
山西省	19	1	27	11	15	13	19	20	12	12	15	23	22
辽宁省	16	3	19	16	9	19	11	22	15	9	26	25	23
浙江省	18	19	6	27	20	25	26	6	26	1	8	9	24
吉林省	25	4	14	21	13	1	5	25	25	11	24	27	25
江苏省	2	26	15	17	23	17	24	5	24	8	21	16	26
内蒙古自治区	20	18	25	6	21	14	17	12	10	26	18	19	27

表5-35　27个省(市、自治区)农村金融服务纯技术效率(PECH)排名情况

省(市、自治区)	2005—2006年	2006—2007年	2007—2008年	2008—2009年	2009—2010年	2010—2011年	2011—2012年	2012—2013年	2013—2014年	2014—2015年	2015—2016年	2016—2017年	平均排名
重庆市	13	5	3	2	5	3	7	10	5	3	2	3	1
四川省	7	6	7	12	11	1	8	9	6	6	1	1	2
陕西省	4	2	9	8	2	9	9	5	9	9	7	7	3
辽宁省	10	3	7	4	4	5	9	4	7	11	7	7	4
吉林省	12	1	4	7	4	5	9	4	7	11	7	7	4
江西省	6	10	6	3	7	8	6	6	4	8	9	6	5
山西省	2	7	13	9	1	9	9	3	3	13	8	9	5
广西壮族自治区	11	6	7	14	8	4	10	1	12	2	3	4	6
广东省	10	13	5	1	4	5	9	4	7	11	7	7	7
贵州省	5	12	1	10	6	11	3	3	13	4	5	10	7
内蒙古自治区	3	8	8	15	7	7	4	7	2	7	11	5	8
甘肃省	9	11	2	11	10	2	1	12	14	1	6	8	8
云南省	1	14	12	13	9	6	6	2	1	14	10	2	8
河北省	11	9	11	5	3	5	9	4	10	10	6	7	8
黑龙江省	11	6	7	12	4	5	9	4	7	11	7	7	8
江苏省	11	6	7	12	4	5	9	4	7	11	7	7	8
浙江省	11	6	7	12	4	5	9	4	7	11	7	7	8
福建省	11	6	7	12	4	5	9	4	7	11	7	7	8
山东省	11	6	7	12	4	5	9	4	7	11	7	7	8
河南省	11	6	7	12	4	5	9	4	7	11	7	7	8
湖北省	11	6	7	12	4	5	9	4	7	11	7	7	8
海南省	11	6	7	12	4	5	9	4	7	11	7	7	8
宁夏回族自治区	11	6	7	12	4	5	9	4	7	11	7	7	8
新疆维吾尔自治区	11	6	7	12	4	5	9	4	7	11	7	7	8
青海省	11	6	7	12	4	5	9	4	7	11	7	7	8
湖南省	8	6	7	12	4	5	9	8	8	5	12	12	9
安徽省	14	4	10	6	6	10	5	11	11	12	4	11	10

从分解量上来看,河北省的农村服务效率不论在技术进步上还是技术效率上,无论是规模效率还是技术效率在全国的排名都十分靠后。按照分解因素对河北省农村金融服务效率过低做出的解释或者影响效率提高的因素依次是纯技术效率、技术进步、规模效率、技术效率。在一定程度上可以进一步解释为农村金融的配置效率,尤其是制度安排和金融创新是阻碍河北省农村金融服务效率提高的关键因素,其次是外在的金融领域的技术进步,最后是农村金融服务投入的规模。表5-36、图5-1反映了 TFP 及其分解的排名汇总情况和河北省农村金融服务效率的变化趋势,上述结论均可以从图表中得出。

表5-36　27个省(市、自治区)农村金融服务效率及其分解排名汇总

省(市、自治区)	TFP	TFP 标准差	TECH	EFFCH	SECH	PECH
云南省	1	27	26	1	1	8
湖北省	2	9	5	4	3	8
山东省	3	11	9	21	20	8
福建省	4	18	17	10	8	8
广东省	5	2	15	5	5	7
浙江省	6	16	1	24	24	8
黑龙江省	7	14	8	9	10	8
陕西省	8	23	16	2	2	3
重庆市	9	15	25	3	4	1
江苏省	10	13	7	27	26	8
贵州省	11	22	6	7	7	7
广西壮族自治区	12	1	19	6	6	6
宁夏回族自治区	13	4	18	18	15	8
新疆维吾尔自治区	14	24	23	11	9	8
四川省	15	19	21	8	17	2
海南省	16	3	2	19	13	8

续表

省(市、自治区)	TFP	TFP标准差	TECH	EFFCH	SECH	PECH
湖南省	17	25	3	13	16	9
河南省	18	8	22	12	14	8
山西省	19	26	12	15	22	5
内蒙古自治区	20	6	4	25	27	8
辽宁省	21	5	10	22	23	4
安徽省	22	21	11	17	11	10
吉林省	23	20	13	26	25	4
江西省	24	7	24	14	12	5
河北省	25	10	20	23	19	8
甘肃省	26	17	14	16	18	8
青海省	27	12	27	20	21	8

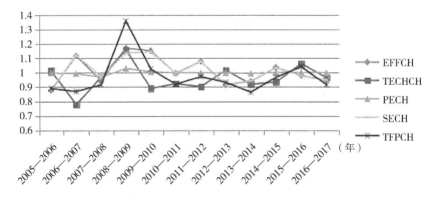

图 5-1　河北省 2005—2017 年 TFP 及其分解量变化趋势图

本章用农村金融服务效率来作为河北省农村金融服务的评价维度，通过对相关研究的梳理，总结了当前研究的成果和问题，提出农村金融服务评价的一般原则。在构建评价指标中，需要考虑农村金融服务的特殊性、方向性、绩效和评价结果的可比较性，因此，我们选择了小型农村金融机构网点数量和从业人员、农户存款、涉农贷款四个投入指标；选择第一产业增加值、农村居民人均收入和恩格尔系数作为产出指标；构建了基于数据包括分析法的投入产出模型。考虑到量纲不一致的问题,我们对投入产出矩阵做了归一化处理。通过模型的测算,结果发现河北省农村金融服务的综合效率在全国27个省(市、自治区)中排名第25位,处于末端位置,表明河北省农村服务的整体效率偏低。通过对TFP分解因素的研究发现,影响河北省农村金融服务效率的因素在全国的排名也偏低,造成服务效率偏低的因素依次是纯技术效率、技术效率、技术进步和规模效率,这些效率值的排名均比较低。研究结果进一步反映了河北省农村金融服务的资源配置不够合理,导致配置效率偏低,金融制度安排无效和金融创新不足是主要影响因素。另外,投入规模上虽然排名较其他因素靠前,但是从全国范围内看,排名第19位,表示农村金融资源投入仍然相对不足。

第六章　河北省农村金融建设的对策和建议

通过前文对河北省农村金融发展存在的问题和原因的分析,以及对河北省农村金融发展水平的实证研究,得出农村金融的发展对农村经济的发展起着至关重要的作用这一结论,深化农村金融改革甚至间接关系到整个国民经济的发展,因此是迫在眉睫的任务。对于建设农村金融,我们不能用单一的、片面的和孤立的观点推进或者指导,应该坚持"总体把控,宏观和微观相结合"的方法加速农村金融的发展。基于此,本章提出从金融需求自身建设、金融供给主体服务能力、金融市场创新协调发展、金融基础建设投入水平、金融扶持政策支持力度五方面建设农村金融的建议。

一、完善金融需求自身建设

为了更快的满足农村金融快速发展的形势要求,首先要做到的是完善金融需求的自身建设。因为自身的发展是农村金融后续取得持续有力发展的主要阵地,其对农村经济的发展有着难以取代的影响。

(一)完善农村经济的管理和财务制度

完善农村经济管理和财务制度是当前农村经济发展的重点,也是难点,也可以有效的刺激农村金融市场,缓解农村金融发展的资金压力,通过有效吸收农村闲置的现金资本,来更好地服务农村金融的建设。

首先,农村经济管理及财务制度的透明化和公开化离不开各级地方政府的宏观调控。因此,完善农村经济管理和财务制度,推进农村经济合理化进展必须对政府的宏观调控制度给予重视。一方面,各级政府以政策法规为出发点,积极针对当前农村经济的自身特点和实际情况,制定农村经济发展的长远规划,完善农村经济的管理和财务制度,在各项资源和资金的分配上,既要兼顾农村经济的大局,又要顾全农村经济管理和财务制度的具体情况。另一方面,各级政府推进透明公开化农村经济管理和财务制度。因为相关的政策在制定和实施的过程中,免不了要频繁修改。为了让百姓放心,在以网络平台为媒介的现代,应注重提高政策信息传递的效率和质量,构建科学的政府信息平台。

其次,区分不同金融机构在农村经济管理和财务制度结构中的作用。在当前大力发展农村金融的背景下,金融机构在促进农村经济管理和财务制度结构中发挥引导作用。面对农村经济管理和财务制度不健全、财务缺口大等众多问题,可以通过不同金融结构发挥其所长,共同促进形成全面合理的农村经济管理和财务制度。

最后,发挥农村金融市场的动态监督职能,促进农村经济的管理和财务制度透明化。通过实施有效的监督措施,有效减少农村金融市场的腐败现象,推动农村金融市场稳健发展。

(二)提高农村经济主体金融知识素质

随着农村金融呈现出信息化、多元化的发展趋势,提高农村经济主体辨识风险的能力就显得尤为重要。

首先,认真抓好金融风险宣传,加强农村金融主体对金融知识的学习。针对农村经济主体金融知识欠缺的现实,可以运用宣传画报、宣传视频和新闻报道的形式让大家抵御金融诈骗的危险,使其树立正确的金融观念,避免陷入非法集资等金融陷阱。只有全面了解民间信贷的行为,在参与金融类经营活动中,才能提升防范风险的能力。与此同时,电子金融在给人们带来便利的同时,也要积极防范"互联网+"在金融领域的潜在风险;对于广大的金融参与者们,要对自己的信用问题引起足够的重视,提升自身金融素质,防止主观恶意骗贷或逃避还款行为的发生。

其次,开展"农村信用工程"活动,树立信用标杆,从而强化农村金融主体的信用意识。由于农村基础教育和信息化程度的差异,农村金融客户受教育程度不高、对现代金融知识的掌握程度不够、信用意识薄弱,所以要针对农村金融市场的发展,从诚信教育开始,组织定期培训,增加宣传力度,形成涉农共同发展的格局。

最后,强化信用文化宣传的同时加大法律制度的建设。针对当前存在的各种骗债、逃债和恶意欠债等失信行为,从法律层面上加强立法和执法,增加违法的成本,从而保证农民的合法权益不受到损害。

(三)建立农村金融的风险管控机制

农业具有高风险性和弱质性的特点,这就加剧了农村金融机构涉农贷款的风险,同时农村金融机构的客户主要是农民,其经济实力不强,分布分散,这都带来了较高的农村金融的运营成本,因此,建立合理的农村金融风险管控机制就显得尤为重要。

首先,合理评估农村金融风险。为了健全农村金融的风险管控机制,政府应该加大与农村金融机构的合作,建设以政府为主体的农村金融风险补偿与分担机制,完善农村信用体系。政府可以选用税收优惠、财政补贴和信贷担保等政策来减少农村金融机构的负担,支持金融机构合理配置资金,加大对农业领域和农户的支持,促进农业结构和农村经济的蓬勃发展;可以增加民间的融资渠道,从而减少融资的成本,解决融资渠道单一的局面。

其次,加强农村征信体系的建设。与城市征信体系发展相比较,农村征信体系的建设还处在起步阶段,这在一定程度上带来农村金融发展的风险敞口,所以对于农村征信体系的建设应该采取相应的措施。第一,构建农村地区基础信息库,对农村居民经营主体的信用情况进行采集,逐步建立诚信档案,收集农户的身份信息、负债信息和遵纪守法信息,这项工作的完成少不了中国人民银行和各地的村镇组织及地方金融机构的帮助;第二,增强农村经济主体的信用意识和信用行为,利用多媒体宣传片和村镇社区宣传栏深入宣传普及信用知识,从而提升经济主体的信用意识;第三,政府出台征信政策引导扶持政策,联合商业银行对信用不同的农村经济采用差别化的信贷服务,应用激励和惩戒机制提升农村经济主体的信用价值,督促形成良好的征信体系。

最后,鼓励商业银行采取主动措施应对金融风险。农村金融的风险一定程度是由银行风险组成的,因此,健全农村银行风险体系起着至关重要的作用。对于商业银行内部来说,第一要做到的是采取措施健全内部控制,细化授信,加强审批,严格落实贷款规定,杜绝违规操作,增强银行的责任意识;第二,细化授信和综合管控结合,增强不同部门的横向配合和约束,从而减少违规借贷的发生;第三,积极构建银行创新贷款产品和抵押方式,结合当前市场发展动态,对抵押物价值科学评估,减少贷款资金的风险。

(四)广泛培育新型农村金融主体

为了进一步建设农村的金融市场,广泛培育新型农村金融主体是一个必然选择。现阶段,以农村金融市场的特点为出发点,合理布局不同金融主体机构配置是不二选择。

首先,大力发展新型高效的农村金融机构。积极支持建设社区银行,进一步引导资金在非农业部门和农业部门两者之间的合理配置,增加社会资金流入农村金融市场的途径,拓展农村市场的资金总量。同时,鼓励民间资本以股份所有权的形式加入农村金融机构的增资,提升民间资金在农村金融市场的比例。这样就在一定程度上摆脱了对中央银行和各级地方政府财政的依赖,使各种社会资源都可以充分合理有效的被利用。

与此同时,拓宽商业类金融机构开展农村地区涉农业务的门槛,从而进一步优化配置农村金融资源。

其次,培养新型的农村金融主体。培育新型的农村金融主体还可以通过培育贷款公司、村镇银行和农村资金互助社,发展一些小额度贷款公司,引导并鼓励社会闲散资金建立优化"三农"需要的新型机构,引导资金流向农业,发展投资新渠道,加快存款变成贷款的速度。

最后,构建多元化的市场结构。多元化的市场结构才能满足多元化的市场需求,保持开放态度,优化农村金融结构体系,健全农村金融主体,明确金融主体的职责和分工,增加农业金融组织在农业金融领域的合作,为农村资金需求主体提供更多资金和政策上的支持。这样可以营造更好的农村金融市场发展环境,优化农村金融的作用,从而更好地促进农村经济的发展,实现农村经济和金融的协调一致可持续发展。

二、提高金融供给主体服务能力

农村发展和城市发展存在着一定的差距,农村经济发展整体来说偏低,农村的相关产业也仅仅是一些与农业发展关系密切的小作坊经济,所以金融供给主体在农村面对的都是一些自身发展规模小但是资金需求频繁的个体户和农民,因而金融供给主体面对农村金融客户时,需要更耐心、更充分的研究,获取其需求。现阶段金融供给的主体——河北省金融供给主体服务尚不健全,应鼓励政策性金融机构、商业性金融机构、农业保险体系和农村担保体系的发展,以满足农村居民日益丰富的金融需求,提升农村金融的发展速度。

(一)强化政策性金融的政策和服务职能

目前,我国国家政策性银行是农业发展银行,其直接为我国的农村经济发展服务,有着无法替代的作用,所以政策性金融机构应该以强化服务机制为着力点,紧跟当前的经济形势,提升服务水平,成为促进农村经济发展的主力军。因此,中国农业发展银行可从以下三方面着手充分发挥服务机制,提升其运转速度,为农村经济发展奠定基础。

首先,明确定位,充分发挥政策性金融对农村经济发展的促进作用。加强完善农业发展银行的经营管理机制,形成简洁、高效、合法和规范的发展模式。减少责任不明的模糊管理;要加强激励机制的构建,使干部职工的积极性充分调动起来,最大限度运用财政资金,增强"服务三农"的信念,优化"服务三农"的情感。

其次,开拓筹措资金的渠道,为农村经济注入新鲜的血液。在一定财政资金支持的基础上积极向社会筹集资金,以达到更好地为农村服务的目的。因为财政资金都是在一定的额度范围内的,要保证有足够的资金服务"三农",还要通过发行债券的方式公开向社会募集资金。因为农业发展银行具有政策性银行的属性,其背后有国家的信用作支撑,所以其发行的债券具有政府债券和一般金融债券双重属性,社会公众更愿意买卖,更容易得到社会的认可。在此基础上,更广泛的提升资金运用的能力和效率。

最后,拓宽政策金融支持边界,增加金融服务种类。随着金融市场的深度发展,拓宽农村政策性金融支持边界是当前工作的重点和难点。早期农业发展银行主要的职能是粮食等作物的信贷支持问题,而现在摆在农业发展银行眼前的是农业的产业化发展和农业产业竞争力的全面提升。因此,农业发展银行当前应促进农业产业结构升级、支持高科技农业项目的发展,从而更好地服务农村经济,增强政策性金融机构的信贷资金的支持力度。

(二)推动商业性金融机构积极履行为农服务义务

商业性金融机构在农村金融发展过程中起着重要的作用,所以应推动商业性金融机构积极履行为农服务的业务。

首先,鼓励商业银行自愿开展"三农"业务。应做到从农村金融发展的现状出发,统一规划,做好不同商业银行机构的合理布局,满足农村市场多元化的需求。保持开放的态度,分类引进商业性金融机构,进而发挥其各自的优势。一方面在积极引进国有商业性金融进入农村市场的同时,也要鼓励各种类型的其他商业性金融服务农村经济发展,构建多元化的商业性金融机构体系,发挥不同商业性金融机构的互补性作用,进一步引导商业性组织形成准确的自身定位,使其更清晰地了解未来农村发展的市场需求和长远规划,从而共同带动农村经济的发展;另一方面,对于一些农村特色产业可以实行金融机构对口支援,这不仅能带来资金的支持,而且可以促进当地经济的发展,同时,对于商业金融机构来说,不仅发挥出自身的作用,也铺垫了更好的市场。

其次,实施有效的扶持政策。政府应鉴于农村金融发展的现状与城市金融发展存在的差距,为了吸引商业性金融机构来农村发展,实行一定的扶持政策,来使得这些商业性金融机构在农村金融市场有一定的获利空间,同时,深入发掘农村金融的区域潜力和特色优势,使相关商业性金融机构对农村市场充满信心。

最后,创新服务机制。商业性金融机构通过改善当前的金融服务,对不同的金融客户实行差别化的服务,提升对农村企业龙头的扶持,从而增强金融供给主体的服务能力。同时,加强贷款的灵活性,改变过去传统放贷模式,根据不同客户不同的贷款需求,不同贷款对象的期限要求,为农村客户提供全方位的金融服务。

(三)加强农业保险体系建设

农业保险是农村金融风险管理的一个重要环节,它起到维持农村经济稳定的作用。但是,就目前来说河北省农业保险的发展还处在起步阶段,因此,河北省农业保险有非常大的发展空间。具体可以从以下三方面着手。

首先,构建政策性农业保险。自然灾害阻碍了农村的发展,政策性农业保险应着重解决这一难题,政策性保险不同于商业保险,其与商业保险在业务范围上有明显的区分。第一,政策性保险应着重于对自然灾害的补偿,将对农村发展有重大意义的业务纳入政策性保险的范围。第二,对农业保险政策实施有效的支持。鉴于农村发展的现状,对农业保险的投保人给予一定的资金补贴,同时,应对开展农村保险的公司给予相应的政策支持。第三,鼓励保险公司开展与涉农金融机构、农村信贷担保机构和相关的中介机构的合作,一起探索开发新型的金融服务产品。对农村金融进行实地考察,做到将农村金融资产盘活。

其次,构建以专业化保险企业和保险基金为主体的多元化专业存款保险公司,积极降低农村金融机构信贷风险,确保一旦发生意外也能有一定的保障。

最后,成立特殊风险巨灾资金库。在中央和地方农业部门的支持下,成立农村农业巨灾保险体系,切实对农村经济形成有效保障。

(四)完善农村担保体系的建设

通常来说,农村市场不活跃的一个重要原因是信用风险,而改进信用风险的一条行之有效的路径就是完善农村担保体系建设。

首先,政府构建多元化的信用担保制度。一方面,政府可以自己为主导,在财政支出的基础上成立专门的担保机构;另一方面,政府可以通过给予部分金融机构进行农村金融业务的权利,鼓励商业金融担保机构走进农村担保市场,构成政策性和商业性双担保保险,形成灵活的担保制度。例如,允许金融机构开展土地存贷和土地抵押贷款等农村担保体系产品,从而增加金融机构的担保信心。

其次,对担保体系的各方积极培养信用意识。重视对贷款用户的信用知识培训,做到在贷款业务发生之前,让贷款用户了解将要面临的各种风险和责任。将各种信息制度化,成为有力的信用担保制度。

最后,要积极进行贷款担保制度的创新。对于农村贷款客户存在的特殊性,以提高其灵活性、便捷性。例如,可以通过基于固定资产抵押的形式,创新土地经营权的抵押形式,进而提升农户和乡镇企业的贷款信心。同时,还要加强对信用体系的监管和保障,政府作为中间的服务机构,在与金融机构的共同努力下,制定相应的政策制度和管理办法,完善金融业的服务水平。当然,在后续的相关业务开展过程中,政府依靠其自身的公权力,促进金融业务双方履行自身的权力和职责。尤其是在应对突发性金融事故时,政府应及时为金融机构或客户提供公平、公正的帮助。在此过程中,要以积极优化农村金融生态环境为落脚点,助力农村金融的发展,进一步完善信用体系架构,带动农村金融信用贷款业务的成交量和成交额度的增长,提升农村资金的流动性,以促进农村经济整体的发展。

三、加强金融市场协调创新

为了更好地适应农村经济发展的新形势,需要进一步加强对金融市场的创新协调建设。在现阶段,金融市场对整个农村金融的发展起着重要的作用,金融市场的创新协调是其发展的源泉。

(一)加速推进农村金融产品和服务创新

满足不同资金的发展需求对推进农村金融发展起着至关重要的作用,而目前我国的农村金融市场尚不健全,相关金融机构应该在产品方面坚持与时俱进,加速推进农村金融产品和服务的创新。

首先,结合农村的发展现状,开设专门服务产品。农村金融市场面向的群体大多受教育程度限制和城市金融客户存在一定的差距,对现代金融知识掌握程度有限,所以面对农村金融客户在制定和推广金融产品时,要注重结合农村发展的特点,开发专门的金融产品,增强产品的创新力。

例如,近年来随着农村经济水平的提高,越来越多的人选购汽车和一些大型家电,这在资金需求方面存在着一定的空间,在这样的背景下金融机构可以将这些人群作为重点关注的对象,以农村土地担保为基础进而推出相关的小额短期贷款业务,这类创新金融产品不仅能给农村发展提供支持,还可以促进银行本身的发展。

其次,结合土地使用的现状,实行农村土地制度改革。针对我国目前土地所有权归集体所有的现状,参考美国等发达国家在农村土地经营方面的经验,对农村土地使用权制度进行改革,使农民更加灵活地使用土地,增加土地使用权的开放性,在一定程度上允许农户用土地所有权进行抵押,从事项目投资。

最后,通过多方合作提升金融市场创新协调发展。目前,银行间的协作交流较少,未来可以通过政府部门协调各个商业银行加强合作,共同开发和完善农村金融市场,银行间可以派相应的员工定期交流培训,达成有效的合作协议,共同服务农村金融市场。

(二)尽早完善各涉农业态的农村金融市场

农村经济的重要特点是以土地作为资本,开展种植业和养殖业。在此基础上,尽早完善其他类型的涉农业态金融市场对农村经济发展起着至关重要的作用。

首先,切实推动农村金融服务产业链的发展。如果某地区存在特色种植业,那么金融机构不仅仅要从种植端提供资金支持,还要考虑采收、运输和销售等其他环节,每个环节都要从资金上予以保证,除此以外,在一定时期还要考虑到对相关项目降低贷款利率,达到其发展的最低要求,从而达到切实保障推动农村金融服务产业的发展需求。

其次,推进涉农业态农村金融市场信息化建设。当前互联网金融飞速发展,所以在农村金融信息化建设过程中,应积极加强设备和财政支持,引导中小企业和农村个体户发展互联网经营,形成完善的、现代化的电子商务模式。

最后,鼓励相关产业落户农村。相关产业落户农村不仅可以活跃农村市场,为相应的农户提供工作便利,而且可以增加农民的收入,在一定程度上促进农村金融的发展。农村产业的多元化发展,可以使农村经济的发展更具活力。

四、增加金融基础建设投入

发展农村金融市场,基础设施建设必不可少。但是目前,农村金融基础建设投入水平不高,大力优化农村信用金融生态环境,加强农村支付服务环境建设是必然选择。健全农村金融基础建设,优化农村金融环境,深化农村金融创新,实现农村金融和农村经济的协调发展,最终可以使得农村经济有所发展。

(一)优化农村信用金融生态环境

现在,当前农村金融信用环境面临着种种挑战,优化农村信用环境,可以使农村金融市场更加高效的运行。因此,要树立并营造更好的农村金融生态环境,可以采取多种方式完善金融制度和办法。

首先,政府部门事先做好金融潜在风险的监测和评价。通过农户的财产、债务情况、家庭成员的道德品质和家庭的经营能力等方面建立农村金融信用评级指标体系,形成对农户信用评级的有效规范,从而减少信用风险。同时,加强对农户个人和当地的中小企业的信用管理,对失信的企业和个人,将其纳入失信黑名单,充分发挥法律的约束力,从而减少其失信行为,并进一步使金融环境更加健康。

其次,加强金融风险宣传,帮助民众梳理正确的金融观念。鉴于当前农村金融知识欠缺的现状,监管部门可以采用宣传栏、海报和公益电影的形式让民众学习一些金融知识,使其意识到金融风险和金融收益两者的关系。

最后,从金融机构自身来说,也要主动采取措施预防金融风险。完善银行的内部控制制度,强化部门岗位间的监督,严格落实授信和后期管理工作。

(二)加强农村支付服务环境建设

支付环境是现代农村金融建设的关键点。从目前来看,河北省农村金融环境机制尚存在很多不足,农村支付环境建设尚不健全,为了加强农村支付服务环境的建设,可以从以下几方面着手。

首先,提升农村金融网点的覆盖率,积极建设支付基础设施。对于农村地区,尤其是贫困偏远地区,金融网点覆盖率低是制约其发展的重要原因,对于这种情况,应降低相应地区的市场准入门槛,除鼓励大型国有、商业银行等金融组织进入外,也要引导及扶持有条件的村镇银行和民营银行进入农村地区,提升金融机构的覆盖率。在没有相关银行网点覆盖的地区,也要鼓励推进除银行支付外,其他惠农支付服务点的建设,丰富农村金融建设的内涵,这样在方便农村居民获得便捷的支付结算服务的基础上同时也可以有效地防范风险。

其次,政府通过财政制度的扶持积极推进支付体系的建设。一方面,在财政收入允许的前提下,对支付结算缺失地区的涉农金融机构的市场进入给予一定的补贴,从而大力推进发展农村金融服务网络建设;另一方面,通过宏观经济政策,引导并组织银行开展涉农合作,增加农村地区金融服务网络,从而提升支付覆盖面,使农村金融的支付渠道更加畅通。

最后,加强农村金融支付结算的知识宣传。当地政府可以和当地的金融机构广泛开展多层次、多形式、多方位和多渠道的金融结算手段的宣传,提升农村居民对非现金结算工具的认识,从而使其主动参与支付环境的建设。

五、强化金融扶持政策力度

金融扶持政策对于农村经济的发展起着重要的作用,更充分地发挥农村金融政策的效用在一定程度上为农村金融的发展创造了更大的空间。因此,要提升农村金融扶持政策力度,强化农村金融资源配置效率,可以通过加强农村金融支持相关法律法规建设、加大财政补贴力度、强化金融政策的导向作用和完善农村金融监督机制四方面来达成。

(一)加快农村金融支持相关法律法规的建设

农村金融的发展主要分为正规农村金融和非正规农村金融。农村金融支持法律法规体系的不健全是现如今影响农村金融扶持政策体系建设的关键点和难点,而政府是法律法规的主要制定者,所以,针对农村金融法律法规体系现存的不足,政府提升法规建设可以从以下三方面着手。

首先,多开展加强农民法律意识的教育工作。健全的农村金融法治生态环境包括形成有效的法律法规体系,而农村金融生态环境的主要参与者是农村居民,所以,加强农村居民法律意识、促进构建有效的法律法规体系是当下的一项重要工作。第一,可以通过开展丰富的法制宣传教育和法治理念教育,向农民传递法律知识,提升其法律素质,实现法制教育和法治实践相结合,在发生法律问题时,确保其可以明确使用法律武器保护自己的合法权益;第二,深入完善农村经济体制,大力培育农村经济增长极,为农民提升法律意识打下良好的经济基础;第三,要注意培养农民的签约精神,积极维护自己的合法权益。

其次,构建门类齐全的农村金融法律体系。通过分析美国和日本等国家发展农村金融的经验,发现其普遍采用的基础做法是立法先行,即先为农村金融扶持的稳健运行提供法律保证。一方面,中央立法机关制定相应的农村金融法,为农村金融监督提供一个总的发展框架;另一方面,各部门和各地方政府根据自身的实际情况,制定相应的农村金融规章和地方法规,规范农村金融扶持的法律程序,以适应农村金融监管的差异性。

最后,重视非正规金融扶持的立法建设。我国目前现存的法律,大多数都是针对正规金融的建设,对于非正规金融的立法少之又少。近年来,非正规金融迅速发展,不仅对正规金融起到了一定的促进作用,是正规金融的有益补充,而且已成为我国金融市场不可或缺的一部分。但是非正规金融立法的缺失,使其对其相应责任划分的法律却不健全,监管困难,也正是由于其监管缺失带来的高风险进一步降低了农村金融市场的效率。因此,监管部门应尽快采取相应的措施,使非正规金融规范化、合法化,从而在降低风险的同时更有效地发挥非正规金融的优势,满足农村金融发展的要求。

(二)加大财政补贴力度

加大财政补贴力度是全面建成小康社会和社会主义新农村的重要措施,优化财政补贴机制,是促进农村金融发展的关键。

第一,构建财政补贴均衡保障机制。农村金融市场有序健康地发展,与政府有效财政补贴有着密切的关系,农村地区整体表现为经济基础弱、市场发展不完善、资金流通乏力,这种现状对于农村金融的长远发展十分不利,要拉动农村金融市场的发展,财政均衡补贴保障政策就显得十分重要。目前,政府通过财政补贴实现对农村金融的支持主要是通过税收优惠、补贴等手段,发挥金融资源的配置优势。

第二,对涉农金融机构实施政策奖励或补贴制度,实现政府干预和市场调节的有效结合。事实上,对金融机构实施奖励和补贴政策可以有效提升其服务农村金融的积极性,一方面,适当对涉农金融机构给予税收减免,增加涉农金融机构的收益,在一定程度上增强农村金融资金的流动性;另一方面,对不同的农村地区实行差异化管理,对贫困地区的金融发展给予更大程度的支持。

（三）强化金融政策的导向作用

农业经济的发展离不开农村金融政策的支持,推进农村金融,如何强化金融政策的导向作用对当前农村金融市场的发展起着重要的作用。

首先,构建强有力的宏观调控政策。农村地区经济整体表现为基础薄弱、市场不健全,导致金融资本对农村市场缺乏足够的吸引力,这对农村市场的长期发展是十分不利的。要解决当前金融市场不完善的现象,就要借助政府强有力的宏观调控政策进行干预,增强金融机构的参与度。这种有效的干预既要体现出对金融机构的利益的维护,又要体现出对农村金融主体的有力帮助,即在活跃农村金融市场的同时,降低金融机构的风险。例如,实现差额化准备金制度,在不同的时期根据市场的差异化程度给予不同金融机构程度的帮助,从而降低金融机构自身的压力。

其次,实行动态监督制度。金融政策的有效实施离不开有效的动态监管,其可以防止农村出现违法违规行为,促进金融市场稳健发展,增强抵挡风险的能力。监管的手段要以农村监管法律为前提,在注重差异性的基础上,确保对不同的金融主体法律制度的完善。此外,充分发挥社会监督的职能,从法律层面对相关机构采取强制性要求,要求相关机构在一定时期内发布其经营情况业绩报表,鼓励社会媒体和金融主体积极监督,营造一个全社会监督的氛围。

最后,积极向沿海发达城镇学习。沿海发达城镇对优化农村金融政策具有导向作用,其有较长时期的探索经验。积极向沿海发达城镇学习,将其优秀经验借鉴到本地区的发展过程中,发挥产业优势,围绕合理调节供需关系形成有导向的金融政策。

（四）完善农村金融监督机制

有效的外部监督可以减少农村金融风险,促进金融效率的提升,在一定程度上促进形成公平竞争、稳定发展的外部环境。

首先,形成有效的监督主体。有效的金融监督机制也是强化农村金融扶持政策的重要保障。针对目前我国金融扶持过程中存在的问题,完善农村金融监督机制,建设有效的监管体系是监管机构的职责。党的十九大后形成了新的金融监管体系,构建新的"一行两会"的格局,从国家层面进一步提升当前的金融监管效率,实现监督部门协调和信息共享机制。但是,现阶段农村金融监管和城市相比基础薄弱,更应重视对监管人员的培训,提升监管人员的素质,同时充分利用农村金融行业协会等中介机构,形成对法定监管主体的有效补充。

其次,完善相关金融监管法律,形成混业监管模式,同时实现农村金融差异化管理。事实上,农村人口众多,农村金融涉及的点多、面广、风险大,金融监管与农村金融法律法规体系建设还不完善,现有的监管形式是中央统一监管,所以地方监管办法、规定和实施细则都没有具体的规范办法,此时,完善相关的金融监管法律,对农村金融进行差异化管理—对不同金融主体实施差异化监管方式,从而实现监管政策有效落实,构建金融风险防线,进一步提升金融监管的有效性和针对性。

最后,构建全新的风险监管理念,鼓励农户参与到防控风险的工作中。面对多元化发展和信息化发展的当代农村金融,更要注重树立全面的管理理念,一方面实现由静态向动态监管的转变;另一方面,发动全员时刻关注控制和防范风险。此外,也要发挥社会监管的风险控制,鼓励新闻媒体参与农村金融风险体系的构建,推动社会公开监督。

参考文献

蔡胜勋:《新形势下我国农产品期货市场发展路径研究》,《证券市场》2016年第5期。

陈建华:《长三角、珠三角经济金融合作对京津冀金融协同发展的启示》,《华北金融》2015年第7期。

陈清:《新时期中国农村合作金融转型与创新研究》,博士学位论文,福建师范大学,2008年。

陈雨露、马勇:《中国农村金融论纲》,中国金融出版社2010年版。

陈尊厚、刘宾、杨伟坤:《京津冀金融协同发展与创新研究》,人民出版社2018年版。

程恩富、王新建:《京津冀协同发展:演进、现状与对策》,《管理学刊》2015年第2期。

丁辰:《河北省农业保险的现状及对策研究》,硕士学位论文,中南林业科技大学,2017年。

窦宏宇:《河北省农村信用社金融支农创新研究》,硕士学位论文,河北农业大学,2013年。

董悦芳、张国贞:《河北省农村信用体系建设实证研究》,《华北金融》2011年第10期。

杜靖靖:《河北省农村信用社股份制改革研究》,硕士学位论文,首都经贸大学,2016年。

杜英娜、胡继成:《河北省农村金融供给问题研究》,《河北农业大学学报(农林教育版)》2009年第1期。

樊长坤:《构建河北农村金融服务体系存在的问题与对策》,《领导之友》2011年第9期。

房瑞双:《河北省农业保险发展对策研究》,硕士学位论文,中南林业科技大学,2015年。

付园元、李敬、付陈梅、刘洋:《农村金融发展水平度量体系构建与实证分析》,《西部论坛》2014年第6期。

谷磊:《省级信用联社体制改革模式选择分析——以河北省联社为例》,硕士学位论文,河北经贸大学,2017年。

顾晓安、李彬彬:《差异化农村金融体系构建——基于需求和供给的角度》,《上海金融》2009年第1期。

韩景旺、官小燕、王惠、马一宁:《河北省农户信用信息管理系统设计与开发》,《商业现代化》2017年第9期。

贾风雷:《河北农村金融发展与农村经济增长相关性实证研究》,硕士学位论文,中南林业科技大学,2012年。

蒋志强、刘畅:《我国省域农村金融发展水平评价》,《淮阴工学院学报》2015年第3期。

康书生、杨镈宇:《京津冀区域金融协同发展的理论探讨与实证检验》,《河北经贸大学学报》2016年第11期。

李明贤、谭思超:《我国中部五省农村普惠金融发展水平及其影响因素分析》,《武汉金融》2018年第4期。

李红:《关于农村金融国家政策分析研究》,《时代金融》2018年第4期。

李江辉:《我国村镇银行在"三农"建设中的作用研究》,博士学位论文,中国社会科学院,2017年。

李京栋、张吉国:《我国农产品期货市场发展现状、问题及对策》,《金融教育研究》2015年第4期。

李盼盼:《基于农户需求的河北省农村金融供给机制研究》,硕士学位论文,河北农业大学,2012 年。

李庆、霍东升、于俊雪:《对保定市扶贫贴息到户贷款的调查》,《河北金融》2010 年第 2 期。

林雅娜、陈烜、谢志忠:《福建省农村金融服务效率评价研究》,《福建农林大学学报(哲学社会科学版)》2014 年第 5 期。

林政:《我国 31 个省份农村普惠金融发展水平的实证研究》,《江苏农业科学》2019 年第 7 期。

刘洁蓉:《河北省农村普惠金融发展研究》,硕士学位论文,河北师范大学,2015 年。

刘淑红、闫英琪:《甘肃省农村金融效率区域差异的分析与评价》,《西部经济管理论坛》2016 年第 3 期。

刘锁贵、李勇:《农村金融产品和服务创新》,《农村金融》2016 年第 2 期。

刘婷婷、周艳海、周淑芬:《美国农村金融发展模式对我国的启示》,《改革与战略》2016 年第 8 期。

刘鑫:《黑龙江省农村金融服务水平测度及影响因素研究》,硕士学位论文,东北农业大学,2017 年。

吕勇斌、赵培培:《我国农村金融发展与反贫困绩效:基于 2003——2010 年的经验证据》,《农业经济问题》2014 年第 1 期。

彭雁:《农村金融产品和服务创新研究》,《现代商业》2015 年第 10 期。

谭崇台、唐道远:《农村金融发展、农村金融需求对农村经济增长影响的实证》,《统计与决策》2015 年第 10 期。

田学斌:《京津冀产业协同发展研究》,中国社会科学出版社 2019 年版。

申思敏、孙建光:《河北省农村金融发展水平对其农业现代化进程影响实证研究》,《安徽农业科学》2019 年第 5 期。

孙双伦:《农村信用社改革问题研究——以河北省农村信用社为例》,博士学位论文,河北农业大学,2015 年。

汪明萌、杨德利:《浅谈发展农产品期货市场》,《湖南农业科学》2010年第 1 期。

王宏:《对强化和完善农村支付清算体系的思考》,《吉林金融研究》2018 年 6 期。

王焜:《河北省农业保险发展对策研究》,硕士学位论文,河北农业大学,2018 年。

王信:《我国新型农村金融机构的发展特征及政策效果研究》,博士学位论文,西南财经大学,2014 年。

王醒男:《基于需求与发展视角的农村金融改革逻辑再考》,《金融研究》2006 年第 7 期。

王琰:《京津冀区域金融协同发展的构想与建议》,《华北金融》2014年第 7 期。

王彦峰:《京津冀地区农村金融发展研究——基于一体化视角》,《改革与战略》2017 年第 4 期。

王永久:《农村金融产品和服务供需问题探究》,《科技经济市场》2015 年第 5 期。

魏秀:《我国河北省农村地区普惠金融发展研究》,硕士学位论文,首都经济贸易大学,2018 年。

文洪武、林红家、贾希燕:《河北省农业发展银行经营状况的调查与思考》,《河北金融》2008 年第 9 期。

文良旭、骆宁:《加强农村金融产品和服务创新的思考》,《甘肃金融》2016 年第 8 期。

吴志远:《欠发达地区农村金融有效需求分析》,《求实》2010 年第1 期。

夏萌:《河北省农户信用评价体系》,硕士学位论文,河北农业大学,2014年。

谢志忠:《农村金融理论与实践》,北京大学出版社2011年版。

徐静:《河北省农村信用社改革模式探析》,硕士学位论文,河北经贸大学,2016年。

姚凤阁、李福新、隋昕:《农村金融服务水平评价及影响因素研究——以黑龙江省为例》,《哈尔滨商业大学学报(社会科学版)》2018年第2期。

姚公振:《中国农业金融史》,河南人民出版社2018年版。

杨德勇、岳川、白柠瑞:《基于分形理论模型对京津冀地区农村金融差异的研究》,《中央财经大学学报》2016年第1期。

杨帆:《河北省农村金融市场效率评价与优化研究》,硕士学位论文,中南林业科技大学,2015年。

杨俊仙、张娟:《山西省农村普惠金融水平测度与评价》,《经济师》2015年第1期。

杨希:《西部农村金融市场资金配置效率评价研究》,《经济经纬》2014年第4期。

依布拉音·巴斯提:《我国西部地区金融对"三农"支持的发展模式研究——兼评〈西部边疆民族地区"三农"金融发展模式创新研究〉》,《农业经济问题》2017年第10期。

尹继志、刘秀兰:《河北省农村金融体系建设及金融产品创新研究》,《河北金融》2009年第10期。

岳岐峰、宋保庆:《先行先试——京津冀协同发展中的金融角色探讨》,《河北金融》2015年第2期。

赵飞龙:《河北省农村金融服务现状及对策研究》,硕士学位论文,中南林业科技大学,2016年。

赵君彦:《河北省农业保险发展问题研究》,硕士学位论文,河北农业大学,2012 年。

张懂:《河北省农业保险现状与发展对策研究》,硕士学位论文,中南林业科技大学,2014 年。

张乐柱:《农村普惠金融创新案例》,经济管理出版社 2018 年版。

张楠:《河北省政策性农业保险发展问题研究》,硕士学位论文,河北科技师范学院,2018 年。

张靖瑜:《县域经济与县域金融的互动效应研究——基于河北省县域样本的分析》,硕士学位论文,天津财经大学,2016 年。

张伟、胡霞:《我国扶贫贴息贷款 20 年运行效率述评》,《云南财经大学学报》2011 年第 1 期。

张晓琳、董继刚:《农村普惠金融发展评价分析——来自山东的实证研究》,《东岳论丛》2017 年第 11 期。

张雅雯:《河北省农村贫困人口信息化管理与服务平台的构建研究》,硕士学位论文,河北大学,2018 年。

张莹莹:《河北省农户参与农产品期货市场的路径研究》,硕士学位论文,河北经贸大学,2017 年。

张永乐:《河北农村金融支持农村经济增长问题的实证研究》,《河北金融》2008 年第 6 期。

张志杰:《推动中国农村金融发展的财政政策梳理与评价》,《经济研究导刊》2012 年第 10 期。

郑锋阳:《农村金融产品和服务创新》,《金融视线》2018 年第 5 期。

郑阳:《河北省政策性农业保险发展对策研究》,硕士学位论文,河北大学,2015 年。

左月华、王丹:《县域视角下的农村金融创新综合评价与分析——以湖北省为例》,《征信》2017 年第 1 期。

后　记

　　党的十九大报告中提出：要"以疏解北京非首都功能为'牛鼻子'推动京津冀协同发展"，将京津冀协同发展作为国家的重大发展战略。河北省环抱京津、拱卫首都，承载京津物资供给，担负生态环境支撑，因此，京津冀三者地位、功能虽然不同，却息息相关，缺一不可。党的十九大报告又进一步指出："贯彻新发展理念，构建现代金融体系"。而现代农村金融是实现农业现代化不可或缺的重要组成部分。农村金融旨在普惠、服务"三农"，促进农业现代化；农村金融要不断创新、重在协同，增强农村市场主体实力；农村金融体现绿色、强调投入，助力区域协同发展。从农业增产到农民增收，从农产品加工到农村市场活跃，从农户个体发展到龙头企业引领，我们可以看到，方方面面都离不开农村金融的支持，而农村金融支持作用的发挥又离不开农村金融自身的创新发展。

　　故此，河北金融学院韩景旺教授于2017年申请河北省教育厅人文社会科学重大课题攻关项目——《京津冀协同发展下河北省农村金融发展模式创新研究》，并组建科研团队，开展相关研究。本书由韩景旺教授、刘宾教授负责整体规划设计、组织和统稿工作。具体分工如下：刘宾撰写第一章，魏荟颖撰写第二章，刘梦月撰写第三章，付锦泉撰写第四章，陈正其撰写第五章，李海月撰写第六章。同时，在课题研究过程中，河北金融学院的各位领导、同事给了大力帮助，各调研单位给予了有力支持，尤其是中国人民银行石家庄中心支行、中国银行保险监督管理委员会河北监管局，以及各金融机构给予了课题组极大的理解和支持，课题组成员的家属也对我们的工作给予了关心和理解。在此,我们一并表示由衷的感谢!值此全面建成小康社会的决胜阶段和中国特色社会主义进入新时代的关键时期,我辈金融学人亦当不忘初心、牢记使命,深入开展农村金融之创新研究,为促进农民创业增收,农业现代化稳步推进和社会主义新农村建设贡献点滴之力。

　　由于时间仓促,研究人员水平有限,加之数据资料掌握不全的制约,书中研究尚不深入,理论创新尚显不足,难免存在谬误之处,欢迎各位读者、各位专家予以斧正。

编　者
2020 年 8 月